Droit civil

Les contrats spéciaux

Les mémentos DALLOZ

série droit privé

Droit civil

Les contrats spéciaux

Béatrice Bourdelois
Professeur à l'Université du Havre
Directrice du LexFEIM (Laboratoire de recherche en droits fondamentaux, Échanges Internationaux et de la Mer)

3e édition - 2015

DALLOZ

DALLOZ

31-35 rue Froidevaux, 75685 Paris cedex 14

ISBN 978-2-247-15220-9

Plan détaillé

Troisième partie
Les contrats aléatoires

Quatrième partie
Les contrats sur les litiges

Introduction

Se situant dans le prolongement de la théorie générale des obligations, l'étude des contrats spéciaux les présente comme des applications particulières des principes qu'elle énonce. L'adjectif « spéciaux » vient en contemplation de la généralité de ceux-ci et non par opposition à un contrat général qui n'existe pas.

L'un ne va pas sans l'autre :

– la théorie générale est le support permanent des régimes spéciaux et supplée à leurs lacunes ;
– la théorie générale se nourrit de l'enrichissement des régimes spéciaux.

Le présent manuel ne reviendra pas sur les règles du droit des obligations (on renvoie aux ouvrages qui y sont consacrés). Il ne faut pas pour autant oublier que toute question qui n'est pas expressément traitée par le régime spécial trouve sa solution nécessairement dans la théorie générale.

Le panel des contrats spéciaux est vaste. Il y a ceux prévus par la loi (quelle qu'en soit la forme) – contrats nommés – et ceux dont l'essentiel relève de la création de la pratique et de règles prétoriennes (pour en assurer la sanction) – contrats innommés – destinées, si elles ont fait leur preuve, à être tôt ou tard intégrées dans une loi : le contrat innommé est un contrat nommé en germe.

S'agissant des contrats spéciaux du Code napoléon, les rédacteurs en avaient une conception très étendue qui embrassait toute sorte de contrats, y compris ceux qui ne sont plus, d'un point de vue de la tradition universitaire du moins, englobés dans cette matière : les régimes matrimoniaux comme les sûretés en sont sortis depuis longtemps déjà sans doute parce que la source légale (non conventionnelle donc) de ces « engagements » est apparue trop importante pour les maintenir dans une étude réservée aux seuls contrats.

En outre, pour d'autres contrats, le régime juridique a évolué vers un statut si spécifique qu'il en a acquis une réputation (à tort ou à raison) de discipline autonome, tel le droit du travail, ou encore il est devenu si complexe ou vaste qu'il a justifié la création d'un enseignement distinct, tel celui des contrats d'assurance : il y a donc des contrats si spéciaux qu'ils méritent un traitement à part.

Si on s'en tient à la liste des contrats qui demeurent rattachés au droit commun des contrats spéciaux, on est confronté à un « inventaire à la Prévert » : pour ceux du Code civil, on trouve les contrats de ventes (catégorie qui se subdivise), échange, louages (il y en a de plusieurs sortes), promotion immobilière, société, de gestion d'indivisions, prêt, dépôt, aléatoires, mandat, auxquels il faudrait rajouter ceux du Code de commerce, bail commercial, cession de fonds de commerce, location-gérance, le contrat d'agence commerciale, sans oublier le crédit-bail du Code monétaire et financier, et hors de tout code, ceux relatifs à la distribution (franchise, concession, distribution sélective), sans oublier l'émergence d'une matière de plus en plus conçue parallèlement (sous la vive impulsion donnée par le droit de l'Union européenne) qui a justifié la création d'un code spécifique, le droit de la consommation.

Ce pullulement pose deux ordres de **difficultés**.

• L'identification de chacun d'entre eux est parfois un problème face à des contrats qui empruntent des règles à un ou plusieurs régimes juridiques.

La qualification est par principe unitaire. On fait appel à la théorie de l'accessoire – la qualification pour l'ensemble sera celle résultant du rattachement principal, parfois, mais non nécessairement, limité à la prestation caractéristique du contrat.

Elle peut être, à défaut, et à condition que cela soit possible (divisibilité du contrat « multifacette »), distributive.

Elle est, et c'est un constat d'échec alors, absente – contrats *sui generis* dont le régime, fortement ancré sur les règles posées par la théorie générale, est construit peu à peu par la jurisprudence.

• Le classement de ces contrats est une entreprise qui, il faut l'avouer, est rationnellement impossible si on veut s'en tenir au schéma, si prisé dans les facultés de droit, d'un plan en deux parties.

Une première vue des choses laisserait supposer qu'il y a des contrats plus proches de la théorie générale que d'autres (il y aurait des contrats spéciaux généraux et d'autres qui seraient très spéciaux), qu'il y aurait la possibilité de dégager des règles communes à l'ensemble (il y aurait une théorie générale des contrats spéciaux et des applications particulières), qu'il y aurait les contrats prévus dans le Code civil et ceux prévus dans des lois annexes, qu'il y aurait, d'une part, les contrats civils et, d'autre part, les contrats commerciaux…

Aucune de ces propositions ne résiste à l'épreuve du classement du fait même qu'un contrat peut parfaitement relever de plusieurs catégories s'il n'est pas la reproduction pure et simple d'un contrat type du Code civil et que les points communs entre tous ces contrats, hormis le fait d'être rattachés au droit des obligations et les conséquences que cela emporte, paraissent bien faibles et disparates.

Ce constat oblige donc à une double modestie.

On ne peut passer en revue tous les contrats spéciaux : il ne sera ici retenu que ceux qui sont à la fois usuels et qui ne présentent pas une spécificité telle qu'ils sont abordés ailleurs (les contrats d'assurance, de transports, de sociétés, encore moins le contrat de travail, ne seront donc pas étudiés dans l'ouvrage).

On ne peut non plus présenter ceux retenus selon un plan qui serait sous-tendu par une idée directrice unique : il n'y a pas un fil conducteur pour emmener le lecteur d'un contrat à l'autre. L'effet catalogue est malheureusement inévitable, même si des regroupements sont envisageables.

On proposera donc d'étudier :

– les contrats portant sur une chose ;
– les contrats de services ;
– les contrats aléatoires ;
– les conventions sur les litiges.

Le présent ouvrage s'autorise à quelques incursions en droit international privé pour les aspects dont la connaissance apparaît désormais importante pour tout juriste de droit privé.

Première partie

Les contrats portant sur une chose

Notion : *le terme de « chose » doit être compris au sens large et s'oppose à celui de « personne ». Ce sont des biens de toute nature : meubles ou immeubles, corporels ou incorporels. Ce sont des choses susceptibles de propriété (droit à valeur constitutionnelle) et dont la Cour européenne des droits de l'homme assure la protection sur le fondement de l'article 1er du Protocole additionnel à la Convention européenne de sauvegarde des droits de l'homme et des libertés fondamentales, protection également affirmée par l'article 17 de la Charte des droits fondamentaux de l'Union européenne.*
Au cœur de la formation et l'exécution de ces contrats qui relèvent de cette partie se trouve cette chose ainsi définie. La précision des conditions de validité, la définition des obligations des parties se font en contemplation de celle-ci.
Ces contrats sont deux sortes :
– soit assurer le transfert de propriété de la chose,
– soit assurer seulement la jouissance de la chose.

Titre 1
Les contrats emportant le transfert de propriété de la chose

Le transfert de propriété d'une chose peut résulter de modalités juridiques très diverses comme le révèlent les différents titres du livre troisième du Code civil. Transfert à cause de mort, par effet de la loi ou par effet de la volonté, transfert entre vifs, à titre onéreux ou à titre gratuit.

Ces diverses modalités ne sont pas toutes étudiées dans le cadre d'un cours sur les contrats spéciaux. En sont ainsi exclues celles qui relèvent du domaine des successions (transfert à cause de mort) et des libéralités (transfert à titre gratuit). Si l'on s'en tient aux contrats translatifs de propriété à titre onéreux, objets du présent titre, il y a un modèle qui domine la catégorie et qui sert de point de départ à de multiples déclinaisons. Le transfert de propriété s'opère avant tout en effet par ***la vente*** *de la chose. À côté des règles de droit commun qui offrent une réglementation complète de ce contrat, le droit spécial de la vente se développe, et son caractère dérogatoire sera apprécié à travers quelques illustrations. Enfin, le Code civil érige en contrat distinct un mécanisme très proche et qui tend aux mêmes fins – un transfert de propriété de chose mais cette fois-ci il est réciproque –,* ***l'échange****, dont on précisera les quelques spécificités.*

Chapitre 1
La vente – droit commun

L'essentiel

Présentation : *la vente est le contrat par lequel le propriétaire d'une chose (le vendeur) en transfère la propriété à une personne (l'acheteur) moyennant le paiement d'un prix (C. civ., art. 1582) ; c'est un contrat, reposant sur l'accord de deux parties dont la réciprocité des obligations est soulignée par le Code civil (caractère synallagmatique) :*
– le transfert de propriété d'une chose permet ainsi de distinguer la vente, d'une part, du contrat d'entreprise dont l'objet est l'exécution d'un travail pour autrui et, d'autre part, du bail ou du prêt qui ne transfère que la jouissance de la chose ;
– l'existence d'un prix la différencie de l'échange (C. civ., art 1702), de l'apport en société (C. civ., art. 1832) ou encore de la donation (C. civ., art. 893) ; le fait qu'il doit être déterminé au moment de la vente en fait un contrat commutatif (et non aléatoire, celui-ci relevant d'un régime distinct).

Même si la vente est aujourd'hui encore le contrat le plus usuel, elle n'a cependant pas été le premier contrat conclu entre les êtres humains qui ont d'abord pratiqué le troc (échange). La vente n'a pris le relais qu'avec l'apparition de la monnaie.

Considérée à l'époque classique romaine comme un contrat réel (la remise de la chose était une condition de validité de la vente), le Code civil en a fait un contrat consensuel : sauf disposition légale contraire, le seul échange des consentements suffit à former le contrat. Toutefois, l'article 1134, article phare de la liberté contractuelle, est de plus en plus, dans l'ordre interne, contredit par l'évolution législative qui tend à en réduire les contours : du dirigisme économique après la Seconde Guerre mondiale, imposant un blocage des prix dans certains secteurs, au développement constant du droit de la consommation, il y a des pans entiers du contrat de vente où la volonté des parties n'a guère de place.

Sources : *la vente est tout d'abord régie par le Code civil (art. 1582 à 1701, art. 1386-1 à 1386-18), par diverses lois ou codes récents, tel le Code de la consommation (publicité, démarchage).*

La jurisprudence joue un rôle essentiel pour préciser et compléter, le cas échéant, les règles législatives. En outre, par son entremise, des usages professionnels (tels des conditions générales de vente) ont pu être consacrés.

Le droit de l'Union européenne (anc. droit communautaire), spécialement celui de la concurrence, par les principes qu'il pose sur la commercialisation des produits ou des services, influe aussi indéniablement sur les relations entre acheteurs et vendeurs.

Dans l'ordre véritablement international, nonobstant l'indéniable intrusion dans l'ordre interne de la pratique du commerce international, notons également que les dispositions de la Convention de Vienne du 18 avril 1980 sur la vente internationale de marchandises, en vigueur en France depuis le 1er avril 1988, ont parfois infléchi les solutions internes.

Plan : *de façon très classique, l'exposé des règles du droit commun de la vente s'articulera autour de deux titres : les éléments constitutifs de la vente et les effets de la vente.*

Section 1 – La formation du contrat de vente

La vente « *est parfaite entre les parties, et la propriété est acquise de droit à l'acheteur à l'égard du vendeur, dès qu'on est* ***convenu*** *de la* ***chose*** *et du* ***prix****, quoique la chose n'ait pas encore été livrée ni le prix payé* » (C. civ., art. 1583).

Ce texte met en lumière les trois éléments constitutifs de la vente :

– le consentement des parties ;

– la chose, objet du contrat ;

– le prix.

§ 1 – Le consentement des parties

Généralités. Les règles de base de la formation du contrat s'appliquent évidemment à la vente. Ce contrat doit donc répondre aux exigences de l'article 1108 du Code civil :

– un consentement de la partie qui s'oblige ;

– la capacité de contracter des parties ;

– un objet certain ;

– une cause licite.

La vente fait partie des contrats pour lesquels le législateur a édicté certaines incapacités de jouissance (**incapacités spéciales**) s'agissant de la possibilité de se porter acquéreur. Dans le Code civil, l'article 1125-1 ainsi subordonne à une autorisation judiciaire les acquisitions qui pourraient être faites par des professionnels travaillant dans un établissement hébergeant des personnes âgées ou dispensant des soins psychiatriques, des biens appartenant aux pensionnaires et l'**article 1596** interdit de façon générale à toute personne chargée d'administrer les biens d'autrui de s'en porter adjudicataires (v. pour une illustration., art. 509, 4°, pour le tuteur). On retrouve dans le Code de commerce de semblables incapacités spéciales, à l'encontre des anciens dirigeants (ou leurs proches) d'une personne morale en liquidation judiciaire qui ne peuvent acquérir les biens de l'entreprise (art. L. 642-3).

S'agissant du consentement, outre les qualités que doit revêtir le consentement (existence, absence de vices) et qui sont communes à tous les contrats (v. droit des obligations), le droit de la vente présente quelques spécificités concernant l'aménagement du consentement et qui sont principalement de deux ordres :

– il existe des mécanismes permettant de retarder le moment où le consentement sera considéré comme définitivement donné ; on se trouve dans la phase préparatoire du contrat qui se présente, lorsqu'elle est formalisée, sous forme d'**avant-contrats** ;

– le principe du consensualisme, selon lequel le contrat est conclu par la seule volonté des parties, est parfois battu en brèche, soit qu'**on exigera plus qu'un simple accord**, soit qu'il y aura des **obstacles à la liberté de choix du cocontractant**.

I – L'étape préparatoire : l'avant-contrat

Parmi les avant-contrats, certains ne font qu'organiser les relations des parties sans porter sur l'objet même du contrat à venir. Ainsi en est-il des **accords de négociation**, dits aussi **accords de principe**, qui définissent les obligations des parties pendant la phase de négociation (obligation de loyauté, clause de confidentialité) et, le cas échéant, la répartition des frais exposés.

D'autres se situent davantage dans la perspective de construire la future vente : ce sont avant tout les **promesses de vente**, catégorie dans laquelle la jurisprudence insère le **pacte de préférence**. Ce sont ces avant-contrats qu'il faut préciser avant d'en voir le régime juridique.

A – Notion

1. La promesse unilatérale

a. Définition

La promesse unilatérale (promesse d'acheter ou promesse de vendre) est un véritable **contrat**, ce qui la distingue d'une simple offre :

– une partie s'engage à conclure la vente (le promettant),

– l'autre partie (le bénéficiaire) accepte le principe de cet engagement (la rencontre des consentements porte sur ce point) sans s'obliger lui-même à poursuivre la vente.

Le contrat définitif de vente se trouve formé au moment où le bénéficiaire **lève l'option** (il déclare vouloir acquérir). Généralement, les promesses stipulent le délai dans lequel il devra se prononcer.

Les promesses de vente sont fréquentes en droit civil, surtout en matière de vente immobilière (elles sont en la forme sous seing privé ou authentique, cette dernière forme étant néanmoins obligatoire si la durée de la promesse excède 18 mois, v. CCH, art. L. 290-1), tandis que les promesses d'achat se rencontrent essentiellement en droit commercial (elles portent sur des fonds de commerce, sur la cession de parts sociales).

b. Indemnité d'immobilisation

Très souvent, la promesse prévoit au profit du promettant une **indemnité d'immobilisation** (« prix de l'exclusivité » de la vente du bien qu'il consent au bénéficiaire) qui lui demeure acquise si le bénéficiaire ne donne pas suite au projet. Cette indemnité est difficilement concevable en cas de promesse unilatérale d'achat car aucun bien ne se trouve alors immobilisé. En outre, elle violerait les dispositions de l'article 1589-1 du Code civil qui, en droit commun des ventes immobilières (pour une exception en droit de la construction, v. p. 99, ventes d'immeubles à construire, contrat préliminaire), interdit tout versement de la part de celui qui s'engage à acquérir.

• **Théoriquement** elle est **réductible** *prorata temporis* : si le bénéficiaire renonce à la vente bien avant le délai imparti pour la levée d'option, il pourrait espérer une réduction du montant. Mais une clause de style, insérée dans toutes les promesses, en fait, en réalité, une indemnité due forfaitairement quel que soit le temps réel d'immobilisation.

• Il faut noter que cette indemnité peut justifier la **requalification** de la promesse unilatérale en promesse synallagmatique si elle est d'un **montant trop élevé** de sorte qu'elle prive *de facto* le bénéficiaire de la liberté d'acheter ou non. Cette question relève du pouvoir souverain d'appréciation des juges du fond ; certains pensent que le seuil serait normalement entre 5 et 10 % du prix de vente, suivant le secteur et l'importance du prix, ce qui reste toutefois à vérifier *in concreto* (réalité ou non d'un seul engagement). Le montant de l'indemnité peut parfois être imposé par la loi (CCH, art. L. 290-2 : elle ne peut être inférieure à 5 % du prix de vente en présence d'une promesse de vente immobilière d'une validité supérieure à 18 mois).

2. La promesse synallagmatique

a. Définition

Elle constate un engagement réciproque des parties, de vendre et d'acheter. Cette promesse synallagmatique est couramment appelée, dans les ventes immobilières, « **compromis** ».

Une telle promesse « *vaut vente lorsqu'il y a consentement réciproque sur la chose et sur le prix* » (art. 1589). Ce n'est donc pas, selon le Code civil et une jurisprudence ferme de la Cour de cassation, un véritable avant-contrat mais **soit une vente** (sous conditions suspensives), soit un **simple projet** quand les parties ne donnent pas leur consentement définitif au stade de la « promesse », ce qui est le cas lorsqu'elles érigent la signature de l'acte authentique en un élément essentiel de la vente.

b. Acompte/dépôt de garantie

À l'instar des promesses unilatérales de vente, une somme d'argent peut être versée par la partie qui achète le bien. Cette somme, eu égard à ce qui vient d'être dit, est alors un **acompte sur le prix** (v. toutefois, pour les ventes conclues avec un consommateur, toute somme versée d'avance par lui sont réputées arrhes, ce qui lui permet de se désengager en les perdant, v. C. consom., art. L. 131-1). Dans un premier temps, cette somme fait office de **dépôt de garantie** (« gage-espèces », la somme étant souvent remise à un tiers et non au vendeur) quant à la finalisation par l'acheteur de la vente. Elle sert aussi parfois de support pour fixer, lorsqu'elle est prévue, le montant de la **clause pénale** à la charge de la partie qui n'exécute pas le contrat. Cette clause doit être distinguée de la **clause de dédit** : la première, qui tombe sous le coup de l'article 1152, alinéa 2 du Code civil (pouvoir de révision du juge), sanctionne l'inexécution fautive et la stipulation de l'indemnité n'empêche pas le recours à l'exécution forcée ; la seconde autorise la ou les partie(s) au contrat à se désengager moyennant compensation financière (ni l'exécution forcée, ni la révision judiciaire ne sont alors possibles).

3. Le pacte de préférence

a. Définition

Inséré dans les contrats au profit du locataire/preneur pour remédier à l'absence de droit de préemption légal (baux professionnels par exemple), dans les statuts de sociétés pour donner la préférence, en cas de vente des parts sociales, aux associés originaires, ou encore dans un contexte de voisinage (plus fréquemment en campagne qu'en ville, entre voisins qui sont en bonne entente), il a pour objet de conférer un **droit de priorité** au bénéficiaire **pour le cas où le propriétaire d'un bien se déciderait à le vendre** : ce dernier s'engage à lui proposer la vente avant de s'adresser à des tiers.

b. Qualification juridique

Comme le promettant ne s'engage pas, par ce pacte, à vendre, la Cour de cassation l'a qualifié de **promesse conditionnelle de vente** (la condition dépendrait ici de la seule volonté du vendeur, ce qui en ferait, pris à la lettre, une surprenante condition potestative), sans doute pour en permettre la publicité foncière à titre d'information des tiers (Décr. n° 55-22 du 4 janvier 1955, art. 37) s'il porte sur un bien immobilier (et à condition d'être constaté dans un acte authentique) afin d'en assurer son efficacité :

il fait ainsi partie, de ce point de vue, des promesses unilatérales, ce qui n'est pas sans influence sur son régime juridique (v. p. 12).

B - Régime juridique

• Le régime de la **promesse synallagmatique** ne soulève pas de difficulté particulière en tant que promesse car c'est, rappelons-le, **une vente** (ou un simple projet s'il n'y a pas accord définitif sur la chose et sur le prix), même si elle est assortie de conditions ou de termes (v. p. 13). Contrat préparatoire à la vente, **la promesse unilatérale de vente *stricto sensu*** doit certes répondre aux mêmes exigences de détermination du prix et de la chose que celles posées pour la vente elle-même puisque, du côté du promettant, le consentement est donné dès la conclusion de la promesse ; elle appelle cependant un traitement particulier (1).

• La **clause de substitution** très fréquente (surtout dans les ventes immobilières) est une spécificité des contrats préparatoires (2).

• S'agissant du **pacte de préférence**, la précision de son régime juridique a connu quelques péripéties jurisprudentielles. On peut penser qu'il est désormais fixé (3).

1. Promesse unilatérale

a. Observations d'ordre temporel pour les conditions de validité

Précisions quant au moment auquel il faut se placer pour apprécier les conditions de validité.

– **Du côté du promettant.** Parce que le promettant se trouve engagé dès la promesse, toutes les conditions de validité le concernant seront appréciées au jour de la conclusion de la promesse. Cela est vrai ainsi de sa capacité : s'il devient par la suite incapable (incapacité inhérente à la personne, ouverture d'une procédure collective), cette incapacité sera en principe (sauf convention contraire) sans influence et la vente sera valablement conclue dès que le bénéficiaire lèvera l'option. Le décès du promettant après la conclusion de la promesse ne peut, pareillement, la remettre en cause, contrairement à ce qui se passe pour l'offre : ce sont ses ayants cause, tenus par l'engagement de leur auteur, qui devront l'exécuter. Et si parmi les héritiers, il y a des mineurs, le juge des tutelles n'a pas à autoriser la vente car l'engagement est né du chef de leur auteur et de leur propre chef.

– **Du côté du bénéficiaire de la promesse.** Il doit, certes, avoir la capacité de contracter au jour de la promesse, surtout que, généralement, il s'engage, à ce stade, à payer une indemnité d'immobilisation en cas de renonciation de sa part à la vente (pour le mineur, l'acte relève ainsi de l'article 389-3, C. civ.), mais cette capacité doit perdurer jusqu'au jour de la levée d'option, date à laquelle il s'engage dans le contrat définitif. S'il devient incapable dans l'intervalle, ce sera son représentant légal qui devra intervenir pour la levée d'option.

– **Date de conclusion de la vente.** Le contrat de vente étant conclu au jour de la levée d'option, c'est cette date qui constitue le point de départ de la réalisation des conditions suspensives qui ont pu être stipulées. C'est aussi à cette date qu'il faut se placer pour apprécier l'existence d'une lésion (C. civ., art. 1675, al. 2).

b. L'exigence d'un enregistrement

L'article 1589-2 du Code civil impose, **à peine de nullité**, l'**enregistrement dans les dix jours** de sa conclusion de **toute promesse unilatérale de vente sous seing privé** afférente à un immeuble, à un droit immobilier, à un fonds de commerce, à un droit au bail portant sur tout ou partie d'un immeuble, ou à certains titres de société, ainsi que les cessions de telles promesses.

C'est une **nullité absolue, d'ordre public** : tout intéressé (quelle que soit sa qualité) d'une promesse peut l'invoquer. Mais elle ne frappe que les actes prévus expressément par ce texte, ce qui exclut la promesse unilatérale authentique, la promesse synallagmatique sous seing privé, ainsi que le contrat préliminaire des ventes d'immeubles à construire (CCH, art. L. 261-15) ou encore le crédit-bail.

De la même façon, la jurisprudence n'a pas voulu assimiler la faculté de substitution à une cession de promesse au sens de ce texte (v. 2.) : l'exercice de la première n'emporte pas l'obligation d'enregistrement à laquelle se trouve soumise la seconde.

c. Sanction de la violation de la promesse

Cela ne concerne que le promettant, le seul engagé par la promesse, le bénéficiaire ne s'obligeant, tout au plus, qu'à payer l'indemnité d'immobilisation éventuellement stipulée.

La violation consistera pour lui à refuser de conclure la vente avec le bénéficiaire (en général parce qu'il trouvera meilleur acquéreur ailleurs) :

– sa rétractation est sans effet si elle intervient après la levée d'option (la vente est conclue),

– en revanche, depuis deux arrêts remarqués de 1993, il est certain en droit positif qu'on **ne peut contraindre à l'exécution forcée le promettant qui s'est rétracté avant** (impossibilité de forcer le consentement, ce serait une contrainte sur la personne elle-même) ;

– il sera seulement tenu de réparer le préjudice subi par le bénéficiaire du fait de cette rétractation par application de l'article 1142 du Code civil.

Remarques :

– tout d'abord, l'obligation du promettant a la nature d'une **obligation de résultat (absence d'aléa)**, de sorte que le bénéficiaire n'a pas à rapporter la preuve d'une faute pour engager sa responsabilité (ce qui distingue l'hypothèse de celle où l'offrant se rétracte) ;

– ensuite, les parties peuvent fixer elles-mêmes, par avance, le montant de ces dommages et intérêts qui auront le caractère de **dédit contractuel** ;

– de plus, cette jurisprudence n'est pas d'ordre public et les parties peuvent en conséquence **stipuler l'irrévocabilité** de l'engagement du promettant (qui accepte alors par avance le recours à l'exécution forcée à son encontre) pour lui interdire de se rétracter pendant la durée de l'option (cette stipulation, dont la Cour de cassation a reconnu indirectement la validité, est fréquente en pratique et l'avant-projet de réforme du droit des obligations en fait la règle de principe) ;

– enfin, le **tiers** qui aurait contracté avec le promettant indélicat, peut voir sa **responsabilité (délictuelle)** engagée s'il a commis une **faute** (complicité dans la violation de la promesse de vente s'il avait eu connaissance de l'existence de cette promesse).

2. La faculté de substitution

a. Notion

Création de la pratique pour contourner le formalisme de l'article 1690 du Code civil imposant la formalité de la signification pour la cession de contrat, la clause de substitution, qu'il ne faut pas confondre avec la cession de promesse, permet à l'une des parties, le bénéficiaire, de **se substituer la personne de son choix et de lui conférer les avantages de la promesse.** Cette faculté est devenue une clause de style dans les promesses unilatérales de vente immobilières. On la rencontre même dans les compromis (au profit de l'acquéreur), ce qui est parfois discuté : sa mise en œuvre n'est de toute façon possible que tant que les conditions suspensives ne sont pas toutes réalisées (après, une telle « substitution » est indiscutablement une cession de contrat).

Elle est en tout cas **interdite lorsqu'elle est consentie à titre onéreux par un professionnel de l'immobilier** (L. n° 93-122 du 29 janv. 1993, art. 52).

b. Régime juridique

Si la nature juridique de la substitution reste toujours controversée, son régime juridique a été précisé en jurisprudence sur trois points essentiels :

– **la faculté de substitution n'a pas le caractère d'une cession** et ne se trouve donc soumise ni à l'obligation d'enregistrement de l'article 1589-2, ni aux dispositions de l'article 1690 du Code civil ;

– il ne faut **pas confondre l'acceptation de la substitution** par le bénéficiaire substitué (la substitution est mise en place) **et l'acceptation** par lui **de la promesse** (ce qui correspond à la levée de l'option) ; seule, cette dernière acceptation a pour effet de transformer la promesse unilatérale en vente définitive ;

– le **bénéficiaire initial**, le substituant, **conserve la faculté d'exercer les droits issus de la promesse** à la place du substitué si celui-ci demeure passif (défaut de déclaration de créance dans le cadre d'une procédure collective concernant le promettant par exemple) ou s'il renonce à la vente (le substituant pourra alors lever l'option pour son propre compte) ; cette solution permet de souligner la différence entre la cession de promesse, qui évince de l'opération de vente le cédant une fois la cession réalisée, et la substitution où le substituant, qui ne disparaît pas de la relation contractuelle, recouvre ses droits issus de la promesse si le substitué ne s'en prévaut pas.

3. Pacte de préférence

Avant-contrat où il n'existe pas d'engagement de vendre dans l'immédiat, le pacte de préférence se démarque de la vente en ce que le prix (contrairement à la chose qui, elle, doit être déterminée) n'a pas à être fixé *ab initio*, ce qui est une bonne chose car il peut s'écouler longtemps avant qu'il soit mis en œuvre (mais au-delà de 20 ans, le bénéficiaire n'a plus d'action contre le promettant – art. 2232 C civ.).

Son régime dépend de l'étendue de la complicité du tiers dans sa violation.

– La violation ne peut entraîner en principe que des dommages-intérêts dus par le promettant.

– Mais la Cour de cassation sanctionne les comportements éhontés. Dans certaines circonstances, le bénéficiaire dont les droits ont été bafoués peut obtenir la nullité de la vente, voire sa substitution dans les droits de l'acquéreur, si est constatée une

collusion frauduleuse entre le promettant et le tiers acquéreur, ce qui suppose de ce dernier non seulement qu'il **connût l'existence du pacte** de préférence (informé par exemple par une publicité foncière pour un pacte portant sur un immeuble), mais **de plus** qu'il **sût que le bénéficiaire entendait s'en prévaloir**. Cette mauvaise foi, particulièrement caractérisée en ce cas, justifie alors la sanction : il sera exproprié du droit de propriété acquis dans de telles circonstances.

Par ailleurs, il est admis que le promettant, qui s'engage à donner une **priorité d'achat** au bénéficiaire en cas de vente de son bien, est susceptible d'engager sa **responsabilité** si, postérieurement au pacte, il vient à consentir au profit d'un tiers un bail faisant naître un droit de préemption pour le preneur en cas de vente du bien (ex. pacte de préférence sur un immeuble d'habitation ou sur des terres agricoles exploitées par un fermier). La prééminence du droit de préemption légal sur le pacte de préférence (« droit de préemption conventionnel ») conduira à priver le bénéficiaire du pacte de ses droits si le titulaire du droit légal s'en prévaut : le bénéficiaire évincé pourra alors exiger du promettant une réparation par équivalent.

II - Les modulations du consensualisme

Le principe du consensualisme, qui implique que la vente est formée dès la rencontre de volontés de deux parties, vendeur et acheteur, capables l'une et l'autre, connaît des aménagements de diverses natures : soit il s'agit d'encadrer l'échange des consentements ; soit, entorse plus grave, il s'agit de porter atteinte au libre choix de son cocontractant.

A - L'encadrement du consentement

Cet encadrement prend deux principales orientations : l'inclusion de conditions ou de termes dans le contrat qui permettent aux parties de contrôler davantage les modalités de leur engagement ; l'obligation de respecter un certain formalisme, garantie d'une protection de leur consentement.

1. Conditions ou termes assortissant la vente

Comme dans tout contrat, les parties, voire le législateur, peuvent utiliser la condition (C. civ., art. 1168) ou le terme (C. civ., art. 1165) pour subordonner leur engagement à des événements jugés par elles essentiels. Le Code civil lui-même conçoit les ventes à l'agréage (C. civ., art. 1587 et 1588) sous cet aspect.

a. Modalités usuelles

• Les conditions peuvent être liées au **financement de l'acquisition**, à la nécessité d'obtenir des **autorisations administratives** (ainsi pour la cession d'une officine de pharmacie – CSP, art. L. 574 et L. 575) ou l'**agrément** de personnes publiques (officiers ministériels) ou privées (nombreux exemples en droit des affaires – cession de baux commerciaux, de parts sociales...).

• Dans certaines ventes conclues avec les **consommateurs**, le législateur l'impose d'office lorsque le consommateur a recours à un prêt, ce dernier devenant de droit une condition suspensive de la vente (C consom., art. L. 311-34 – crédits affectés – et L. 312-12 – crédit immobilier).

• Dans les **ventes immobilières sous seing privé** (*compromis*), et hormis les cas où l'acte authentique est exigé à titre de validité de la vente (v. *infra*, Vente d'immeuble à construire), la précision selon laquelle **la vente ne sera définitive qu'au jour de la signature de l'acte authentique** est en fait un terme suspendant les effets du contrat au jour de l'établissement de l'acte notarié. Sauf exceptions (les juges doivent alors spécialement motiver leur décision sur les circonstances particulières qui retardent le consentement des parties et ce n'est plus alors une véritable promesse mais un simple projet) et hormis les cas où l'acte notarié est requis *ad validatem* (ex. CCH, art. L. 261-11 pour la vente d'immeuble à construire), cette stipulation ne fait que répondre à la nécessité d'avoir un acte authentique aux fins de publicité foncière et d'opposabilité *erga omnes* du transfert de propriété.

L'article 1178 du Code civil, qui répute accomplie la condition lorsque la partie « débitrice » de cette condition (celle à qui incombent les démarches pour son accomplissement) en a empêché la réalisation, a pour effet de renverser la charge de la preuve : c'est à la partie défaillante d'établir qu'elle a fait les diligences nécessaires pour la réalisation de la condition. La sanction édictée à l'article 1178 consiste alors à faire peser sur elle les conséquences financières (dommages-intérêts) de l'échec de la vente.

Toujours dans le cadre des ventes immobilières, mais au profit uniquement des acquéreurs non professionnels, la loi (CCH, art. L. 271-1) prévoit un droit de rétractation *ad nutum* de 7 jours à compter du lendemain de la présentation de la lettre en recommandé (ou, si un intermédiaire professionnel intervient, à compter de la remise en mains propres de l'acte) lui notifiant la promesse ou la vente sous seing privé (compromis) qu'il a conclue avec le vendeur. En l'absence d'un contrat préparation, c'est un délai de réflexion incompressible de 7 jours, soumis aux mêmes modalités, qui lui est offert avant de signer l'acte authentique. Aucune somme d'argent ne peut être versée pendant ce délai par le candidat acquéreur non professionnel (sauf exceptions prévues à l'article L. 271-2 CCH – ex. dans le cadre d'une vente d'immeuble à construire).

b. Les ventes à l'agréage

Illustrations légales de ventes soumises à conditions, les ventes à l'agréage, prévues aux articles 1587 et 1588 du Code civil, malgré une rédaction un peu désuète, restent d'actualité : le premier texte concerne les ventes à la dégustation, le second les ventes à l'essai.

1) Les ventes à la dégustation (art. 1587

« *À l'égard du vin, de l'huile, et des autres choses que l'on est dans l'usage de goûter avant d'en faire l'achat, il n'y a point de vente tant que l'acheteur ne les a pas goûtées et agréées* ».

La conclusion du contrat se trouve retardée après l'agrément de l'acheteur ; jusque-là, ce n'est qu'une promesse unilatérale de vente. L'acheteur jouit, dans le cadre de telles ventes, d'un **pouvoir discrétionnaire** et n'a pas à justifier son refus d'acheter. Les ventes à la dégustation ont évolué et sont d'application fréquente en matière de ventes par correspondance.

L'article 1587 est d'interprétation stricte mais il n'est que supplétif : les parties peuvent donc l'exclure, par convention expresse, dans le cas d'une vente où il serait d'usage de goûter la chose (parce que ses qualités seraient trop subjectives).

2) Les ventes à l'essai (art. 1588)

Elles se distinguent des précédentes par l'absence de pouvoir discrétionnaire de l'acheteur. L'essai porte sur des qualités objectives – la « *condition suspensive* » visée à l'article 1588 – et si elles sont vérifiées (il est parfois établi un cahier des charges pour préciser les attentes du client), il ne peut alors refuser la vente.

La situation des parties, tant que l'essai n'est pas achevé, est originale car tout en étant dans le cadre d'une vente non encore conclue (effet suspensif de la condition), la chose est mise immédiatement à la disposition de l'acheteur. Il faut donc considérer qu'un prêt à usage (v. *infra, Prêt*) est l'accessoire nécessaire de ce type de vente durant le délai de l'essai.

2. Exigence d'un formalisme

a. Exigence d'un simple écrit

On la retrouve lorsque des **informations** doivent être communiquées à l'acquéreur (par exemple, CCH, art. R. 261-25 à R. 261-27, pour le contrat préliminaire dans une vente d'immeuble à construire), sans que cela soit pour autant systématique (v. pour la vente d'un fonds de commerce, C. com., art. L. 141-1 qui, tout en énumérant toutes les informations que doit donner le cédant, n'impose pas formellement cet écrit). L'exigence de l'écrit permet de s'assurer que le vendeur a bien rempli son obligation légale.

La **sanction** du non-respect de cette exigence **varie** selon les hypothèses : nullité impérative (pour le contrat préliminaire susvisé) ou soumise à l'appréciation du juge (cession de fonds de commerce), parfois seulement source de responsabilité pour le vendeur.

b. Exigence d'un acte authentique

Elle est, pour l'essentiel, cantonnée à **certaines ventes immobilières** lorsqu'elle constitue, par exception au principe du consensualisme, une condition de validité de l'acte. Elle trouve son fondement dans le devoir de conseil du notaire qui s'impose face à un candidat acquéreur vulnérable parce que la chose n'existe pas encore (vente d'immeubles à construire – CCH, art. L. 261-11) ou parce que l'opération est complexe et concerne des acquéreurs non rompus aux affaires (contrats de location-accession – L. n° 84-595 du 12 juillet 1984, art. 4).

Le **non-respect** de ce formalisme entraîne inéluctablement la **nullité de la vente**.

B – Les atteintes au libre choix du cocontractant

• Le **refus de vente** (C. consom., art. L. 122-1), tout comme la **vente forcée** (C. pén., art. R. 40-12 et C. consom., art. L. 122-2 et L. 122-3), qui sont condamnés dès lors qu'ils sont opposés à des consommateurs (entre professionnels, ce sont les principes du droit de la concurrence – pratiques anticoncurrentielles – qui interviennent alors), ne sont pas des exemples pertinents : le premier parce que le vendeur est en situation d'offrant qui ne saurait, sauf exigences légales particulières (ordonnance médicale par exemple pour la délivrance de certains médicaments), contester la formation de la vente par la sollicitation de tout candidat acquéreur, le second parce qu'elle est illicite (c'est un délit).

Côté acquéreurs, il faut tenir compte de **certaines incapacités spéciales d'acquérir** : ceux chargés de vendre des biens ne peuvent les acheter (C. civ., art. 1596 ; C. com., art. L. 321-4) ; les tuteurs ne peuvent pas non plus acquérir les biens de leur pupille (C. civ., art. 509) ; la même interdiction vise le personnel d'établissements hospitaliers accueillant des personnes âgées ou des malades psychiatriques (art. 1125-1C. civ.)...

• En revanche, l'existence de **droits de préemption**, qui obligent le vendeur à vendre à une personne désignée (le bénéficiaire du droit), constitue une véritable altération au libre choix par le vendeur de son cocontractant.

La doctrine majoritaire distingue le droit de préemption *stricto sensu*, qui intervient avant la conclusion de la vente avec le candidat acquéreur initialement pressenti, et le **droit de retrait** qui, une fois la vente conclue, évince l'acquéreur pour y substituer le bénéficiaire.

Le second cas réalise une véritable expropriation et est donc difficilement compatible avec la protection du droit de propriété si le bénéfice est accordé à une personne privée (v. cependant, C. civ., art. 815-15 nullité de la cession de droits indivis à un tiers sans purge préalable du droit de préemption des coindivisaires).

En pratique comme en jurisprudence, cette distinction n'est pas utilisée et tous ces mécanismes sont visés pareillement comme étant des droits de préemption (ex. C. patr., art. L. 123-1 à propos du « droit de préemption » de l'État – via la Réunion des musées nationaux – sur les œuvres d'art, qui est en fait un droit de retrait).

1. Présentation des droits de préemption

• Les droits de préemption peuvent avoir pour finalité de **protéger un intérêt général** : outre la protection du patrimoine pour les œuvres d'art (disposition susvisée), le Code de l'urbanisme regorge de droits de préemption visant à la protection du territoire, de son aménagement (**DPU** – droit de préemption urbain – art. L. 211-1, droits de préemption dans les ZAD – art. L. 212-3, ou encore droit de préemption sur les fonds de commerce – C. rur., art. R. 214-1) tandis que le Code rural prend le relais s'agissant des terres agricoles (droit de préemption au profit de la **SAFER** – art. L. 562-1).

• Les **personnes privées sont parfois les bénéficiaires** de droits de préemption. Il en existe deux dans le Code civil : pour les **coindivisaires**, doublement protégés par une notification avant toute cession des droits indivis à un tiers (art. 815-14) et par un droit de retrait en cas d'adjudication de droits indivis (art. 815-15) ; pour les débiteurs, en cas de cession de leur dette (**retrait litigieux**, art. 1699). Le Code rural et de la pêche maritime en prévoit un au profit du **preneur rural** en cas de vente des terres qu'il exploite (art. L. 412-1).

• En droit privé, l'un des plus connus est sans doute celui offert au **locataire d'un bail d'habitation** qui s'ouvre lorsque le logement loué est mis en vente : soit en vue d'une vente libre de toute occupation, à l'appui d'un congé pour vendre (L. n° 89-462 du 6 juill. 1989, art. 15-I), soit en vue d'une vente occupée, lorsque la vente est la première après la division initiale ou la subdivision de tout ou partie de l'immeuble en lots (L. n° 75-1351 du 31 déc. 1975, art. 10 ; depuis la loi ALUR du 24 mars 2014, en l'absence d'acceptation par le locataire, la commune bénéficie aussi de ce droit de préemption pour lui permettre d'assurer le maintien dans les lieux de ce locataire) ou lorsque la vente porte sur l'ensemble des lots d'un immeuble comportant plus de cinq logements (L. préc. du 31 déc. 1975, art. 10-1), voire, si le règlement de copropriété le prévoit, sur des aires de stationnement aux profit des copropriétaires (art. 8-1, L. n° 65-557 du 10 juill. 1965).

2. Régime juridique

Condition. Pour l'exercice de ce droit, la loi oblige le vendeur à faire, parallèlement aux négociations qu'il a pu entreprendre avec un tiers acquéreur, une véritable **offre de vente** au bénéficiaire (appelée, dans le cadre de la purge de droits de préemption au profit de personnes morales de droit public ou apparentées, « DIA » – déclaration d'intention d'aliéner). Si elle est acceptée par son destinataire (le délai de réflexion est court, deux mois en général), la vente est parfaite entre les parties. Il est donc d'usage de stipuler, dans les promesses qui ont pu être conclues avec les tiers, qu'elles sont soumises à la condition suspensive de non-exercice par le bénéficiaire de son droit de préemption pour les rendre caduques si le bénéficiaire préempte le bien (cette caducité n'affecte que la promesse, non l'offre faite pour purger le droit de préemption).

• **Le conflit de droits de préemption.** Si ce conflit existe entre un droit protégeant un intérêt général et un droit bénéficiant à une personne privée, la règle de principe veut que la préférence soit donnée au premier : l'intérêt général prime sur l'intérêt particulier. Une exception notable se trouve à l'article L. 143-6 du Code rural et de la pêche maritime : le preneur rural qui entend exercer son droit (art. L. 412-5) est préféré à la SAFER.

Et si le bailleur, qui veut vendre son bien loué, se voit soumis à deux types de droit de préemption au profit du même locataire (ex. celui de la loi du 6 juillet 1989 – le bien sera vendu libre – et celui de la loi du 31 décembre 1975 – le bien sera vendu occupé), la jurisprudence estime qu'il lui appartient de faire ce choix sans que le locataire ait son mot à dire.

• **Protection du titulaire du droit contre des exigences excessives.** La première hypothèse qu'on a en vue est celle d'un prix volontairement excessif pour dissuader le titulaire d'exercer son droit, ce qui peut justifier la mise en cause de sa responsabilité pour abus de droit. En matière de baux, le législateur a trouvé la parade en imposant **une seconde purge du droit,** sous peine de **nullité de la vente**, si elle est passée avec un tiers à des conditions plus avantageuses (L. 6 juillet 1989 préc., art. 15-II, 4e al. ; L. 31 décembre 1975 préc., art. 10, 3e al., C. com., art. L. 145-46-1). En outre, si, en principe, le titulaire n'a d'autre choix que d'accepter l'offre de vente ou la décliner, on lui reconnaît parfois la possibilité d'en discuter les conditions, dont le prix proposé par le vendeur : c'est le cas pour le preneur rural, la SAFER et les collectivités territoriales. L'arbitrage se fait sous l'égide du juge compétent (tribunaux paritaires des baux ruraux, tribunal administratif) mais les parties – vendeur ou titulaire du droit de préemption – ne sont pas obligées d'accepter le prix fixé judiciairement et peuvent renoncer à la vente. Et, en tout état de cause, le vendeur ne saurait imposer au bénéficiaire du droit de préemption une condition incompatible avec les dispositions légales l'organisant.

• **Sanction du non-respect du droit de préemption.** Hormis la responsabilité encourue (justifiant l'octroi de **dommages-intérêts**) et le prononcé de la **nullité** de la vente évoqués ci-dessus, la **possibilité de substituer** purement et simplement le bénéficiaire au tiers acquéreur qui paraît la sanction la plus efficace est d'un maniement difficile (ce qui explique qu'elle ait disparu dans un certain nombre de textes – ainsi pour le locataire d'un bail d'habitation) car il faut démontrer, selon la jurisprudence de la Cour européenne des droits de l'homme, qu'est en cause un intérêt général et légitime : la substitution reconnue au profit de l'État (pour les œuvres d'art par exemple) ou de la SAFER répond à cette exigence mais cela est nettement moins certain lorsque la même possibilité est reconnue au preneur rural (C. rur., art. L. 412-10), voire aux coindivisaires en cas d'adjudication de droits indivis (C. civ., art. 815-15).

§ 2 – La chose vendue

On vend toute sorte de choses, de la maison aux droits d'exploitation d'un brevet, en passant par des volumes d'air (ou de terre) qui permettront de dissocier la propriété du dessus et celle du dessous. Cette extrême variété, qui pourrait se décliner en multiples exemples, ne fait pas obstacle à l'édiction de règles communes, que ce soit quant à la détermination de la chose, de son existence ou de sa licéité.

I – La détermination de la chose vendue

Cette exigence est posée par l'un des articles fondateurs de la théorie générale des obligations, l'**article 1108 du Code civil** qui, au titre des conditions de validité de la convention, vise « *un objet certain qui forme la matière de l'engagement* ».

A – Vente d'un corps certain

Si la chose porte sur un corps certain, le contrat de vente doit le **désigner** de sorte à pouvoir l'identifier sans ambiguïté : il est essentiel de vérifier que la rencontre des consentements des parties a bien porté sur la même chose.

Outre une désignation suffisamment précise de celle-ci (pour les immeubles, on s'appuie sur les références cadastrales par exemple), il ne faut pas oublier, le cas échéant, ses **accessoires** lorsqu'ils ne font pas corps avec elle et s'ils sont compris dans la vente. La pratique d'un **inventaire** juste avant la vente est parfois utile pour éviter des enlèvements intempestifs (marbres de cheminée, radiateurs, équipements divers…).

B – Vente d'une chose de genre

Lorsque la vente porte sur une **chose de genre** qu'il convient donc d'individualiser, c'est lors de l'exécution du contrat que la chose devient corps certain : le **transfert de propriété s'en trouve retardé** à ce moment.

Parce qu'elle participe à la livraison de la chose, il est fréquent que ce processus d'**individualisation** soit entre les mains du vendeur qui est le débiteur de cette obligation. Mais ce n'est pas une règle impérative et la jurisprudence a affirmé, dans une hypothèse particulière où la chose de genre était un immeuble (une certaine surface de terrain à prélever sur une parcelle déterminée), que la vente était parfaite car la chose était suffisamment déterminée par l'indication de la surface à prendre et la parcelle sur laquelle le prélèvement devait être opéré, que le choix appartînt au vendeur ou à l'acquéreur.

C – Vente au poids, au compte ou à la mesure

Les articles **1585** et **1586** du Code civil envisagent des modalités particulières de vente qui ne soulèvent pas davantage de difficulté quant à leur validité. Que ce soit en effet la vente au poids, au compte ou à la mesure (art. 1585) – dite plus simplement **vente à la mesure** – ou la **vente en bloc** (art. 1586 ; exemple vinicole : vente en primeur d'un nombre déterminé de cuves de telle récolte), la détermination de l'objet de la vente ne pose aucun problème.

Toutefois, dans la première hypothèse, le transfert de propriété ne s'opère qu'une fois la mesure faite alors que dans la seconde, il a lieu dès la conclusion de la vente car la chose vendue est déterminée *ab initio*.

II – L'existence de la chose vendue

L'inexistence de la chose vendue au moment de la vente, si elle devait être constatée, serait frappée de **nullité** soit pour **absence d'objet** de l'obligation du vendeur, soit pour **absence de cause** de celle de l'acheteur. Bien que l'hypothèse paraisse surprenante, elle n'est pas purement d'école. Outre les conséquences d'événements violents naturels ou « faits du prince » qui peuvent justifier qu'on se pose la question (disparition de la chose, interdiction de la produire ou de l'importer...), l'effet rétroactif de la nullité peut conduire à cette problématique : si un brevet vient à être annulé et s'il a été, entre-temps, cédé, le cessionnaire aura acquis un droit qui n'existait pas.

L'article 1601 du Code civil traite de la question et envisage deux situations :

– si la chose « *était périe en totalité* », la vente est nulle (al. 1er) ;

– si une partie seulement l'est, l'acquéreur a le choix ou « *d'abandonner la vente* » ou « *de demander la partie conservée, en faisant déterminer le prix par la ventilation* » (al. 2), ce qui est l'un des rares cas de réfaction possible du prix par le juge civil.

Observons que ce texte ne met pas en jeu les règles de la théorie des risques qui interviennent après la conclusion du contrat et selon lesquelles la chose périt entre les mains de celui qui en est le propriétaire au moment où la perte se produit (C. civ., art. 1138).

Ce qui vient d'être dit ne fait pas obstacle à la **vente d'une chose future** autorisée expressément par le Code civil (art. 1130, al. 1er) : récolte à venir, chose à fabriquer ou à construire (pour un exemple en matière de construction d'immeuble, v. *infra*) : autant de ventes dont le principe est parfaitement admis même si c'est à leur propos qu'on a pu rencontrer des difficultés tenant en réalité à leur qualification et parfois aussi à leur caractère commutatif (ex. d'une vente d'une récolte sur pied où l'acheteur subit le risque d'une mauvaise saison).

III – La licéité de la chose vendue

Deux questions illustrent cette préoccupation : la chose hors du commerce (C. civ., art. 1128) et l'absence de droit de propriété du vendeur.

A – La vente d'une chose hors du commerce

L'inaliénabilité de la chose peut résulter d'une disposition de la loi ; elle peut être également imposée par la volonté du propriétaire actuel du bien.

1. L'inaliénabilité de par la loi

Objectifs :

– protéger l'État ; sont donc incessibles le **domaine public**, les **droits attachés à la fonction publique** ;

– protéger des valeurs de la société française, assurer la sécurité et la santé des consommateurs contre les velléités mercantiles de particuliers ; on invoque volontiers à cet égard l'indisponibilité de la personne humaine pour interdire les **contrats portant sur le corps humain** (telle la vente d'organes et, pour l'instant encore, la gestation pour autrui – C. civ., art. 16-5 à 16-7) ; l'interdiction de vente de choses ou substances dangereuses – armes, drogues, animaux dangereux – procède de cette idée ; de même, sont protégés les tombeaux et les sépultures ; en revanche la clientèle civile, dont la cession a été longtemps interdite au nom de la liberté de choix des patients de leur médecin, est désormais entrée dans le domaine du commerce juridique ;

– protéger les intérêts particuliers, objectif auquel on rattachait la prohibition des **pactes sur succession future**, désormais possibles (L. du 3 décembre 2001 ayant abrogé de ce fait l'art. 1600 C. civ.) tout en étant très encadrés (C. civ., art. 1130, al. 2) ; actuellement, ce sont les **droits d'auteurs** qui sont au cœur de cet objectif (telle la prohibition de duplicata de logiciels).

2. L'inaliénabilité de par la volonté du propriétaire du bien

Elle se manifeste dans le cadre de **clauses d'inaliénabilité** qu'on trouve surtout dans les donations ou les testaments, mais qui peuvent assortir d'autres contrats tels des constitutions d'hypothèque, voire, à titre de précaution (mais elle n'est guère pertinente en réalité), dans des pactes de préférence.

Frein à l'activité économique (le bien ne peut être ni vendu ni donné en garantie), la validité d'une telle clause est réglementée par l'article **900-1 du Code civil** : elle doit être **temporaire** et justifiée par un **intérêt sérieux et légitime**.

B – La vente de la chose d'autrui

Deux cas de figure peuvent se présenter : le vendeur n'est pas, au moment de la vente, le véritable propriétaire du bien (vente *a non domino*) ; le vendeur n'a pas la pleine propriété du bien (vente d'une chose indivise).

1. La vente *a non domino*

Principe. Le sort d'une telle vente est fixé par l'article **1599** du Code civil : « la vente de la chose d'autrui est nulle ; elle peut donner lieu à des dommages-intérêts, lorsque l'acheteur a ignoré que la chose fût à autrui ».

L'action en **nullité** est **réservée à l'acheteur**. **Le véritable propriétaire** a, pour sa protection, l'**action en revendication** du bien qu'il peut exercer même si par ailleurs la nullité de la vente n'est pas demandée par l'acheteur. Ce dernier sera alors évincé et devra se retourner contre son vendeur pour faire prononcer la nullité de la vente et être indemnisé des conséquences de son éviction. L'acquéreur de bonne foi d'une chose mobilière est toutefois protégé par l'article 2276 du Code civil (*en fait de meubles, la possession vaut titre*).

Exceptions. Trois sortes d'exceptions à ce principe :

– tout d'abord, la **théorie de l'apparence** permet, en cas d'erreur commune et légitime commise par l'acheteur (exemple d'un testament découvert tardivement et remettant en cause le partage des biens fait selon la dévolution légale), de considérer le vendeur comme **propriétaire apparent** de sorte à maintenir la vente (le véritable propriétaire ne dispose alors que d'un recours indemnitaire contre le vendeur qui, s'il est de bonne foi, devra lui reverser au moins le prix de la vente) ;

– ensuite, la **présence d'une condition suspensive,** selon laquelle la vente est conclue sous réserve que le vendeur devienne propriétaire du bien afin de pouvoir en transférer la propriété à l'acquéreur, fait échapper la vente à la sanction de la nullité, la Cour de cassation ayant jugé en 1995 (revenant sur un arrêt de 1993) que cette condition, supposant l'intervention d'un tiers acquéreur, était simplement valable car potestative ; les juges peuvent même interpréter la volonté des parties à la vente de sorte à déduire de circonstances particulières (telle la connaissance par l'acquéreur du défaut de propriété, au moment de leur accord, de son vendeur) l'existence d'une telle condition suspensive implicite ;

– enfin, la Cour de cassation admet que **le vendeur peut régulariser sa situation** (en devenant propriétaire du bien) jusqu'au jour de la demande en justice tendant au prononcé de la nullité.

2. La vente d'un bien indivis

Notion. Lorsque cette vente ne rentre pas dans l'hypothèse du 3° de l'article 815-3 du Code civil (vente de meubles indivis pour payer les dettes et charges de l'indivision), la vente d'un bien indivis suppose l'**unanimité des coindivisaires** (art. 815, 3e al.). Cette hypothèse ne doit pas être confondue avec la cession des droits indivis que le titulaire de ces droits peut faire seul sauf à respecter le droit de préemption des autres coindivisaires (art. 815-14).

Conséquences. Lorsque la vente de la chose indivise a été conclue sans l'intervention de tous les coindivisaires, la jurisprudence a posé deux conséquences :

– cette **vente est inopposable aux coindivisaires** qui n'ont pas donné leur accord et qui peuvent dénier au tiers acquéreur son droit de propriété et, le cas échéant, demander son expulsion ; dans cette hypothèse, ce dernier devra **provoquer le partage** sur le fondement de l'alinéa 3 de l'article **815-17** du Code civil car si le bien est attribué à son vendeur, son droit est conforté définitivement en raison de l'**effet déclaratif du partage** qui implique que le coindivisaire attributaire est réputé avoir été le seul propriétaire du bien *ab initio* (C. civ., art. 883) ; si, en revanche, ce bien n'est pas mis dans le lot de son vendeur, il a, par le même effet du caractère déclaratif du partage, acquis *a non domino* et on se retrouve alors dans la situation envisagée plus haut (a) ;

– cette vente est **cependant valable *inter partes***, ce qui emporte que l'acheteur ne peut demander la nullité car l'article 1599 ne concerne pas cette hypothèse ; mais il peut, lui aussi, provoquer le partage sur le fondement de l'article 815-17 pour ne pas rester dans l'incertitude ; à la suite du partage mettant fin à l'indivision, soit son droit de propriété sera confirmé si le bien est attribué à son vendeur, soit il pourra, mais à ce moment-là seulement, demander la nullité sur le fondement de l'article 1599 si le bien est mis dans le lot d'un autre indivisaire.

§ 3 – Le prix

Cet élément est **essentiel pour qualifier** le contrat de vente. Le versement d'un prix, c'est-à-dire en principe (avec quelques aménagements qui vont être exposés) d'une **somme d'argent**, en fait un contrat à titre onéreux :

– ce n'est donc pas une donation ;

– ce n'est pas non plus un contrat de société où la contrepartie consiste en des parts sociales ;

– ni un échange (dont le régime est cependant pour l'essentiel celui de la vente, C. civ., art. 1707), contrat « *par lequel les parties se donnent respectivement une chose pour une autre* » (C. civ., art. 1702), encore que si la soulte (versement d'argent pour compenser la différence de valeur entre les deux choses) devait être supérieure à la valeur du bien donné, le contrat serait alors une vente (v. *infra*).

La vente étant un **contrat commutatif** et non aléatoire telle la vente en viager (v. *infra*), le prix doit être déterminé dès le départ. Il doit être sérieux et ne pas être, mais cela ne vaut que pour certaines ventes, lésionnaire.

I – Un prix déterminé (ou déterminable)

Principe. L'exigence, qui va de soi (l'accord des parties doit porter sur la chose et sur le prix), est posée à l'article **1591 du Code civil** : « *le prix de la vente doit être déterminé et désigné* **par les parties** ».

Exception. Par dérogation à la lettre de ce texte, le prix peut parfois être **fixé par les pouvoirs publics** (ce qui fut le cas pour certaines matières premières, pour des produits de base, avant la libéralisation des prix). Le Code civil lui-même prévoit qu'il « *peut être laissé à* ***l'arbitrage d'un tiers*** » (C. civ., art. 1592 ; comparer, pour la cession de droits sociaux, C. civ., art. 1843-4 où l'expert joue un rôle analogue), auquel cas sa décision s'impose aux parties, sauf si celle-ci a été viciée par un vice du consentement (dol – falsification de documents – ou erreur sur la substance – sur la consistance de la chose à expertiser par exemple). Ce tiers, qui n'est pas un arbitre au sens du droit de l'arbitrage (justice privée), a donc des pouvoirs plus étendus qu'un expert qui ne donne qu'un avis ; il peut être le juge lui-même si les parties lui ont conféré cette mission de fixation de prix.

Aménagements. Lorsque le contrat est à exécution instantanée, l'exigence ne pose pas de difficulté. Mais pour les ventes dont l'exécution est retardée ou successive, cela est moins évident car les parties peuvent ne pas avoir tous les éléments en mains dès le départ pour fixer ce prix.

• Les parties ont certes la possibilité, pour lutter contre l'érosion monétaire, de stipuler une clause d'**indexation** dont l'indice doit être en relation directe avec l'objet du contrat ou l'activité de l'une des parties (**C. mon. fin., art. L. 112-2**). Le non-respect de cette condition alternative emporte la nullité de la stipulation de l'indexation, ce qui prive donc le contrat d'une adaptation à l'inflation ou à la déflation monétaire. Si l'indice choisi venait à disparaître, et s'il ne pouvait être remplacé par un indice équivalent (question laissée à l'appréciation souveraine des juges du fond), le contrat serait alors caduc (nullité sans rétroactivité) car la réglementation relève de l'ordre public de direction.

• Les aléas de la vie économique ne sont pas toutefois dus seulement à l'érosion monétaire et peuvent dépendre d'autres facteurs qui rendent délicate toute fixation du prix au moment de la conclusion de la vente. Cette question a été fondamentalement réglée par quatre arrêts de l'Assemblée plénière de la Cour de cassation du 1er décembre 1995 : sauf dispositions légales expresses contraires, il suffit, pour que la vente soit valable, que **le contrat précise les modalités de la fixation ultérieure du prix,** fût-ce par référence au prix « catalogue » du fournisseur (qui engagerait néanmoins sa responsabilité s'il commettait un abus dans cette fixation) ou encore en prenant appui sur le chiffre d'affaires réalisé par l'acquéreur postérieurement à la vente en vue d'ajuster le prix (dans les cessions de fonds de commerce, de droits sociaux par exemple où la rentabilité de la chose peut justifier un complément de prix – clause d'*earn out* -, ou encore pour la vente de locaux commerciaux). La cession de droits d'auteur donne aussi droit par principe à une participation aux profits tirés de l'exploitation des droits cédés (CPI, art. L. 131-4).

• Mais le contrat doit impérativement prévoir de telles modalités : si aucune clause ne les précise, la nullité, pour indétermination de l'objet, est certaine. Est ainsi considérée inefficiente la référence au prix du marché (sauf en cas de cours officiel de la marchandise) : une telle stipulation n'est pas une modalité de fixation du prix, en droit français tout au moins. Comme les **juges ne peuvent se substituer à la volonté des parties** – ce que rappelle régulièrement la Cour de cassation –, le sort de la vente dépend de la bonne entente des parties et leur désaccord emporte inéluctablement la nullité de leur contrat.

II - Une véritable contrepartie financière

L'absence d'un prix réel emporte la nullité de la vente pour défaut de cause car l'obligation du vendeur n'a pas de contrepartie. De plus, mais dans certaines ventes seulement, le législateur exige que le prix ne soit pas trop bas par rapport à la valeur de la chose vendue : on se trouve alors dans l'exception prévue à l'article 1118 du Code civil (« *la lésion ne vicie les conventions que dans certains contrats...* »).

A - Un prix réel et sérieux

Le prix ne doit pas être simulé ; il ne doit pas être dérisoire.

1. Le prix simulé

Les parties conviennent, dans un acte qui demeure secret (« contre-lettre »), un prix plus élevé que celui figurant dans l'acte apparent.

Deux raisons peuvent amener les parties à dissimuler le véritable prix de vente et pour chaque hypothèse, la sanction est différente :

– d'**ordre fiscal,** pour payer moins de droits d'enregistrement (pratique des « dessous-de-table ») ; si le contrat concerne une cession d'office ministériel, une vente d'immeuble, une cession de fonds de commerce, de clientèle, une cession de bail ou promesse de bail, la contre-lettre est nulle (C. civ., art. 1321-1) ; dans les autres cas la contre-lettre est alors valable entre les parties et inopposable aux tiers (C. civ., art. 1321) ; l'Administration fiscale possède une arme redoutée qui est le **redressement** qui oblige l'acheteur à payer non seulement le complément des droits, mais en sus des pénalités ;

– une **libéralité** de la part du vendeur sur tout ou partie du prix ; si l'intention libérale peut être établie et si elle n'est pas motivée par une volonté d'enfreindre une règle d'ordre public, auquel cas la nullité est certaine, la vente est **requalifiée** en libéralité (avec toutes les conséquences que cela emporte).

2. Le vil prix

Lorsque le prix est **dérisoire** (c'est-à-dire ridiculement bas), on considère qu'il y a en fait **absence de prix** et la nullité de la vente s'impose.

Là encore, si on peut démontrer l'existence d'une intention libérale du vendeur sans qu'il y ait une volonté frauduleuse de sa part, la vente n'est pas annulée mais requalifiée en donation.

En outre, cette sanction ne concerne que les **ventes commutatives** : les ventes aléatoires (vente en viager, cession à forfait) ne sont pas visées puisque, justement, la possibilité pour l'acheteur de faire une bonne affaire (et donc de payer un prix plus faible que la valeur du bien acheté) est de l'essence de ces contrats ; l'aléa, s'il existe vraiment (v. p. 150), peut conduire à ce résultat.

Il ne faut pas confondre les ventes à vil prix et les **ventes pour un euro symbolique** dans lesquelles l'acheteur s'engage en fait à reprendre des obligations du vendeur (stipulation fréquente dans le cadre du rachat des entreprises en difficulté, car il y a en fait reprise des garanties consenties à des tiers, sauvegarde de l'emploi des salariés…). Après avoir hésité sur la possibilité de qualifier ces « rachats » de ventes, la Cour de cassation en admet désormais la **validité** même si la contrepartie n'est pas directement une somme d'argent (mais à terme, l'exécution des obligations assumées se traduit inéluctablement par un déboursement d'argent).

B – Un prix non lésionnaire

Par exception au principe que le prix juste est celui voulu par les parties (le contrat tient lieu de loi) et qu'en conséquence, on ne peut se plaindre d'avoir payé trop cher ou de ne pas avoir vendu assez cher (l'erreur sur la valeur n'est pas une cause de nullité des conventions), il est parfois admis que l'une des parties (vendeur ou acheteur, suivant les cas), dans certains contrats de vente, puisse se plaindre d'une **lésion**. Les ventes « protégées » sous cet angle sont les ventes d'engrais (L. du 8 juillet 1907, art. 1er), la cession de droits d'auteurs (CPI, art. L. 135-1), la cession d'offices ministériels (solution prétorienne) et **la vente d'immeuble pour le vendeur** (C. civ., art. 1674 s.).

Seule cette dernière sera examinée ici.

1. Les conditions de la lésion

a. La recevabilité de l'action

L'action est réservée au **vendeur** (C. civ., art. 1683).

Elle n'est admise que dans certaines ventes immobilières : **ventes** véritables (et non par exemple, échange – art. 1706), à **titre onéreux** (toute intention libérale, même partielle, prive le vendeur de cette action), **amiables** et non par autorité de justice (art. 1684), et **commutatives** (*l'aléa chasse la lésion*, dit-on).

Elle est subordonnée à une **lésion** d'une certaine importance : **de plus des 7/12e du prix réel** de la chose vendue (C. civ., art. 1674), soit un prix payé par l'acquéreur représentant même pas la moitié de la valeur du bien.

Elle doit être intentée dans le délai de **deux ans** (délai préfix) à compter de la vente. Si elle est subordonnée à des conditions suspensives (v. *supra*, hypothèse des compromis de vente qui valent vente), ce délai commence à compter de la réalisation de la dernière d'entre elles.

Enfin, l'action doit être nécessairement **publiée** à la conservation des hypothèques (Décr. 4 janv. 1955, art. 28, 4°, c).

Toute stipulation de renonciation anticipée à cette action, au moment de la vente, est sans effet (art. 1674). En revanche, elle peut valablement intervenir après (mais quel vendeur, sauf à être animé d'une intention libérale envers son acheteur, acceptera de ne pas réclamer son manque à gagner?).

b. La preuve de la lésion

Un **premier jugement** doit intervenir pour autoriser la poursuite de l'action (art. 1677) : le juge apprécie le caractère vraisemblable de la lésion invoquée et vérifie les conditions de recevabilité. Un collège de **trois experts** est alors nommé (art. 1678) pour déterminer la valeur du bien au jour de la vente compte tenu de son état à cette date.

La seconde phase est celle du **jugement au fond** : au vu des éléments relevés dans le rapport d'expertise et de tous ceux qui pourraient être établis et qui influent sur la valeur d'un bien (bail en cours, perspectives d'urbanisation…), le juge va apprécier si le vendeur a bien été lésé des 7/12e de la valeur réelle de son bien.

2. La purge de la lésion

C'est une rescision, à moins que l'acheteur n'opte pour le rachat de la lésion.

a. La rescision

C'est une **nullité** (effet rétroactif donc) qui emporte la **restitution de l'immeuble, avec les fruits** qu'il a pu produire depuis le jour de la demande, contre le **remboursement du prix avec les intérêts** (au taux légal) à compter du même jour (art. 1682, al. 2 et 3).

Le jugement prononçant la rescision est publié à la publicité foncière et est **opposable à tous**, y compris au sous-acquéreur de l'immeuble (averti par la publication de la demande en justice), mais celui-ci, dont le droit de propriété est anéanti, doit alors être nécessairement appelé en la cause.

b. Le rachat de la lésion

Pour le calculer, le législateur a estimé que le préjudice subi par le vendeur n'est pas tant l'insuffisance de la somme d'argent versée au moment de la vente, auquel cas il aurait suffi d'ordonner le paiement de la différence avec éventuellement une indexation pour tenir compte de la dépréciation monétaire, que le fait d'avoir été privé de l'équivalent monétaire de la valeur de la partie de l'immeuble non payée. On parle alors de dette de valeur (comp., en droit des régimes matrimoniaux, C. civ. art. 1469, al. 3).

L'acheteur, qui préfère payer le **supplément du juste prix** (art. 1681), paiera un complément calculé suivant la fraction du prix payé au jour de la vente par rapport à ce que valait réellement le bien, fraction reportée sur la valeur actuelle du bien (tenant compte de l'état du bien au jour de la vente) : l'acheteur paiera la différence, déduction faite (petite ristourne qui lui est accordée) du dixième du prix total (prix payé au jour de la vente et complément de prix versé au titre du rachat).

Exemple chiffré :

– soit la vente d'un immeuble pour le prix de 100 000 € alors qu'il en valait 300 000 (lésion de plus de 7/12e) ;

– l'acheteur a donc versé une somme représentant le tiers du prix réel du bien et il n'a donc pas payé les 2/3 de sa valeur réelle au jour de la vente ;

– la valeur du bien (compte tenu de son état lors de la vente) au jour du rachat de la lésion est évaluée à la somme de 420 000 € ;

– le complément du prix est les 2/3 de cette dernière valeur, soit 280 000, desquels il faut déduire le dixième du prix total (380 000 = 100 000 [prix payé initialement] + 280 000 [complément de prix]), soit 38 000 € ;

– l'acheteur devra payer la somme de 242 000 € (280 000 – 38 000).

L'article 1682 précise en outre que ce **supplément porte intérêt** (au taux légal) du jour de la demande en justice.

La Cour de cassation impose aux juges du fond de tenir compte de ce que la valeur du bien a évolué entre ce jour et celui du paiement effectif, ce qui exclut que l'intérêt puisse porter, dès le début, sur la totalité de la somme due pour le rachat de la lésion (qui n'a été liquidée qu'à la fin de la procédure) mais leur laisse libre choix de la méthode pour y arriver.

Le plus expédient est de faire une moyenne entre ce qui aurait dû être versé initialement en complément du prix et ce qui a été calculé au titre du supplément du prix.

Dans notre exemple, au jour de la vente, le complément initial aurait été de 170 000 € (200 000 [complément du prix] – 30 000 [1/10 du prix total]) alors que celui calculé au jour du rachat est de 242 000. L'intérêt portera donc sur la somme de 206 000, soit (170 000 + 242 000)/2.

Section 2 – Les effets de la vente

L'effet le plus immédiat est sans aucun doute le transfert de la propriété de la chose vendue : la vente est un contrat translatif. Il faut s'y arrêter avant de préciser les obligations qui sont à la charge du vendeur et celles qui pèsent sur l'acquéreur.

§ 1 – Le transfert de propriété

Cet effet de la vente illustre l'obligation de donner, l'une des trois obligations fondamentales, avec celles de faire et de ne pas faire. La particularité des obligations de donner est qu'elles se réalisent sans qu'il y ait besoin d'intervention particulière de la partie qui en est la débitrice : le transfert de propriété se produit dès l'échange des consentements (*solo consensu*) du vendeur et de l'acquéreur, sauf aménagements conventionnels. De ce fait, la règle concernant le transfert des risques, qui repose sur la propriété de la chose, doit être, elle aussi, parfois aménagée.

I – Le principe du transfert de propriété *solo consensu*

« *L'obligation de livrer* – comprendre « transférer » la propriété et non « délivrer » la chose – *la chose est parfaite par le seul consentement des parties contractantes* » (**C. civ., art. 1138** ; *adde* **art. 1683**).

Dans les rapports entre les parties, le **transfert de propriété** ***solo consensu*** (par le seul échange des consentements, sans même qu'il y ait eu livraison de la chose et paiement de son prix) ne soulève pas de difficultés particulières : il va de soi que si la vente porte sur une chose de genre, il n'a lieu qu'après son individualisation (v. *supra*).

Toutefois, cela ne suffit pas pour rendre le transfert du **droit réel opposable à tous**.

Pour les **immeubles,** le titre doit être **publié** au service de la publicité foncière (art. 28-1°, a, Décr. 4 janv. 1955) et cette publicité règle les conflits entre deux acquéreurs successifs de la même chose : le premier qui publie l'emporte sur le second alors même qu'il aurait acquis en seconde position et donc *a non domino* (le vendeur n'étant plus, civilement, propriétaire du bien). Les meubles immatriculés ont un régime similaire (en raison de la publicité à laquelle ils sont, eux aussi, soumis).

Pour les autres meubles, c'est la **mise en possession** qui rend opposable le transfert de propriété *erga omnes* : par remise de la chose elle-même lorsqu'elle est corporelle (ou l'équivalent par un marquage de la chose par exemple pour une vente de coupes de bois), par signification du transfert pour les choses incorporelles.

II – Les aménagements conventionnels portant sur le transfert de propriété

Les parties peuvent différer le moment de ce transfert. Ainsi, dans les compromis de ventes immobilières, qui sont des ventes sous seing privé, est insérée systématiquement une clause retardant le transfert de propriété au jour de la signature de l'acte authentique (v. *supra*).

De façon plus formelle, la vente peut être assortie d'une clause de réserve de propriété ; elle est très fréquente en matière de vente de marchandises entre professionnels. D'un usage moins généralisé, la vente en réméré, prévue par le Code civil, est aussi une modalité portant sur le transfert de propriété de la chose vendue.

A – Les clauses de réserve de propriété

Ces clauses, que l'on rencontre dans les ventes où le paiement est différé, subordonnent le **transfert de propriété au complet paiement du prix.**

• L'effet **suspensif** d'une telle clause est reconnu, mais on hésite sur sa portée quant à la conclusion de la vente : si la clause est un terme – ce qui est probable –, le contrat est formé, seul le transfert de propriété est retardé (C. civ., art. 1185) ; si c'est une condition – ce qui est douteux –, c'est la formation elle-même de la vente qui est retardée. Les parties peuvent de toute façon conventionnellement préciser ce point.

• Les ventes avec réserve de propriété ont pour effet en tout cas de permettre à l'acheteur de **détenir immédiatement la chose,** ce qui lui ouvre la possibilité de la revendre avant même d'en être propriétaire. Usage fréquent en matière de vente de marchandises entre professionnels, la revente anticipée procure au vendeur intermédiaire les liquidités nécessaires pour désintéresser son fournisseur.

• Le tiers acquéreur de bonne foi est protégé, s'il s'agit d'un meuble corporel (marchandises par ex.), par les dispositions de l'article **2276** du Code civil (*en fait de meubles, la possession vaut titre*) et le vendeur initial non payé ne pourra pas la revendiquer.

• S'il s'agit de meubles incorporels, seule une information (par signification par exploit d'huissier s'il s'agit de créances – C. civ., art. **1690**) de ce tiers assurera sa protection. Pour les immeubles, les règles de la publicité foncière privilégient celui qui a publié son titre le premier (v. *supra*).

B – Le réméré

Prévu aux articles **1659 s. du Code civil**, c'est une **faculté de « rachat »** (mais il s'agit en fait d'un anéantissement rétroactif de la vente, ce qui permet d'échapper, en matière de vente immobilière, à la double perception des droits d'enregistrement inéluctablement encourue s'il y avait eu vente puis revente), offerte au vendeur, qui ne peut excéder un délai de 5 ans, et qui, moyennant le remboursement du prix et des frais de la vente, lui donne la possibilité de recouvrer la propriété de la chose vendue : c'est donc une **vente sous condition résolutoire (l'exercice du réméré emporte la résolution de la vente).**

On le rencontre en matière boursière surtout mais on peut aussi le stipuler pour d'autres biens, y compris des immeubles. La clause de réméré est opposable aux tiers si elle a fait l'objet soit d'une publicité foncière (vente immobilière), soit si elle a été portée à leur connaissance (vente mobilière).

III – Transfert de propriété et transfert des risques

La règle est posée à l'article **1138 du Code civil** : les risques pèsent sur le propriétaire de la chose (*res perit domino*), quel que soit le détenteur de celle-ci.

Ce principe connaît des aménagements :

– si l'acheteur, non encore livré, a mis en demeure le vendeur de livrer la chose, les risques pèsent sur ce dernier jusqu'à la livraison (art. 1138, al. 2) ;

– si le transfert de propriété est retardé, alors que la vente est conclue (ex. des compromis dans les ventes immobilières), les risques sont par là même retardés ;

– si les parties en ont décidé autrement pour faire correspondre détention de la chose et risques ; ainsi en est-il dans les ventes avec réserve de propriété dans lesquelles les parties lient en général les risques à la livraison de la chose (la charge des risques pèse en conséquence sur le détenteur de la chose) ;

En droit de la consommation, les risques ne sont transférés à l'acquéreur consommateur qu'au moment où il (ou son mandataire) a pris possession effective de la chose (C. consom., art. L. 138-4).

§ 2 – Les obligations du vendeur

L'article 1603 du Code civil prévoit deux obligations principales :

– celle de **délivrer** (au sens d'effectuer la livraison) la chose ;

– celle de **garantir** la chose.

En réalité, les obligations du vendeur sont plus nombreuses : outre que l'obligation de garantie est composée de deux pôles distincts (garantie du défaut de conformité, garantie des vices cachés), la jurisprudence a développé deux obligations non prévues initialement, l'obligation d'information et l'obligation de sécurité (devenue légale), qui sont tout aussi essentielles que les précédentes. De même, en fait-elle profiter d'autres personnes que le cocontractant direct du vendeur, créant ainsi une entorse remarquable au principe de l'effet relatif du contrat (C. civ., art. 1165).

I - Contenu

A - L'obligation de délivrance

Elle s'apprécie **par rapport aux stipulations du contrat** : la chose doit être celle qui a été prévue avec les caractéristiques stipulées, qualité et quantité comprises. Cette définition permet de ne pas la confondre (confusion rencontrée autrefois en jurisprudence, aux fins de faire bénéficier l'acheteur d'un délai d'action plus long) avec l'obligation de délivrer une chose non viciée qui, elle, s'attache à l'usage de la chose (v. *infra*, garantie des vices cachés ; pour une uniformisation de ces deux garanties – de conformité et de vices cachés – dans le cadre des ventes consenties par des professionnels à des consommateurs, v. *infra*, vente au profit d'un consommateur, et dans les ventes entre professionnels, vente internationale de marchandises).

L'exécution de cette obligation se fait par le « *transport en la puissance et la possession de l'acheteur* » (art. 1604) mais, en fait, le vendeur doit seulement mettre la chose **à la disposition de l'acheteur** (il n'a pas à assurer la livraison au domicile de celui-ci).

Précisément, lorsque la chose est un corps certain, la délivrance se fait au lieu où elle se trouve (art. 1609 ; comp. art. 1247, al. 1er), si c'est une chose de genre, au domicile du vendeur (ou, si la chose doit être expédiée, par la remise au 1er transporteur) en vertu du principe général de la quérabilité des obligations (art. 1247, al. 3). La délivrance concerne la chose elle-même et ses accessoires (fruits, documents administratifs...).

Si les parties n'ont rien dit, la délivrance doit être effectuée dans un **délai raisonnable** (en matière commerciale, selon les usages).

L'acheteur est tenu d'**examiner** la chose au moment où il la reçoit pour **dénoncer** les éventuels **vices apparents.**

Les **manquements** à cette obligation sont sanctionnés :

– par une action en **exécution forcée** en cas d'absence de livraison de la chose et si celle-ci est possible ;

– par une action en **résolution de la vente** sinon, en présence de vices apparents importants car la résolution, sauf clause résolutoire expresse, relève de l'appréciation des juges et des vices mineurs ne sauraient justifier une résolution (C. civ., art. 1184) ;

– par une demande de **dommages-intérêts** (en combinaison avec une autre action ou à titre principal) ;

– en matière commerciale et, parfois, mais de façon plus rare, en matière civile, le juge a la possibilité de procéder à une **réfaction** (diminution) **du prix**.

B - Les obligations d'information et de conseil

L'**obligation d'information** porte sur les **qualités objectives** de la chose et sur les conditions de son utilisation, ce qui peut prendre des proportions insoupçonnées : voir la mise en place de « data room » lors de cession de valeurs mobilières, la multiplicité des documents à fournir lorsque le bien est un lot de copropriété (outre le copieux diagnostic technique de l'article L. 271-4 CCH, liste impressionnante de pièces complémentaires visée à l'article L. 721-2 de ce code). Le **devoir de conseil** concerne, quant à lui, l'**aptitude de la chose à répondre aux attentes** de l'acheteur (sur qui de ce fait, pèse un devoir de **collaboration** pour aider le vendeur à bien remplir sa mission)

La violation des deux obligations peut être alléguée dès le stade des négociations mais celles-ci sont, le plus souvent, insérées dans les obligations contractuelles du vendeur.

Bien qu'elles soient l'une et l'autre foncièrement des obligations de moyens dans cette hypothèse, la qualité de **vendeur professionnel** les transforme en **obligations de résultat** en raison du caractère inexcusable de son ignorance s'il n'a pu délivrer l'information nécessaire.

Longtemps source importante de responsabilité autonome créée par la jurisprudence, le développement de l'obligation de sécurité (v. *infra*, D), qui englobe pour partie leur domaine d'application, a relégué l'obligation d'information à une place plus secondaire.

C – L'obligation de garantie

Elle se subdivise en deux en droit commun de la vente : la garantie d'éviction et la garantie des vices cachés.

1. La garantie d'éviction

Le vendeur garantit son acheteur contre l'éviction dans son droit de propriété. Cette garantie n'a pas la même force selon qu'elle a trait au propre fait du vendeur ou qu'elle concerne le fait d'un tiers.

a. La garantie du fait personnel

« *Qui doit garantie ne peut évincer* », ce qui emporte l'impossibilité pour le vendeur de revendiquer contre son acheteur l'usucapion du bien immobilier qu'il lui a vendu ou encore, pour le cédant d'un fonds de commerce, de faire concurrence à son cessionnaire.

Toute **clause de non garantie** de son fait personnel est **nulle (C. civ., art. 1628).**

b. La garantie du fait d'un tiers

Cette garantie ne vaut que :

– pour les **tiers véritables**, ceux dont le vendeur ne doit pas répondre ;

– pour les **troubles** dont l'origine remonte **avant la vente** ;

– pour les **troubles de droit** (existence d'une servitude, d'une usucapion d'un tiers en cours, d'un bail…) et non de fait ;

– et si **aucune clause de non garantie** dans le contrat n'en a déchargé le vendeur ; cette clause est licite dans les mêmes conditions que celles de droit commun (pas de dol ni de faute lourde ; elle est réputée non écrite si elle est invoquée par un professionnel contre un consommateur ou un non professionnel).

2. La garantie des vices cachés

Elle est réglementée aux articles **1641 s.** du Code civil qui en précisent les conditions et les conséquences. En dépit de quelques errements en jurisprudence, désormais révolus, cette garantie ne doit pas être confondue avec celle pour manquement à l'obligation de délivrance (défaut de conformité). Mais ce n'est pas le cas pour une vente d'un bien meuble corporel par un professionnel à un consommateur, le législateur ayant alors retenu une conception moniste de la garantie (v. *infra*).

Conditions. La garantie concerne :

– un **vice qui rend la chose impropre à l'usage auquel on la destine** ou qui diminue tellement cet usage que l'acheteur, s'il avait connu le vice, ne l'aurait pas acquise ou l'aurait fait à un moindre prix ; c'est par rapport à un usage normal qu'il faut apprécier ce critère, sauf spécification particulière de l'acheteur ; l'**usure**, l'**utilisation anormale** de la chose **ne sont pas les vices objet de cette garantie ;**

– **un vice caché**, c'est-à-dire non décelable par l'acheteur au moment de la réception de la chose ; la compétence de l'acheteur (consommateur, professionnel) intervient pour déterminer si le vice aurait dû être décelé par lui au moment de son examen ; en présence d'un acheteur professionnel de même spécialité que le vendeur, celui-ci reste tenu de garantir le vice indécelable (qui suppose la destruction de la chose pour le découvrir) ;

– un **vice antérieur à la vente**, précisément au transfert de propriété de la chose, même s'il n'est révélé qu'après ;

– elle ne s'applique pas aux ventes faites par autorité de justice (art. 1649).

Mise en œuvre. Elle suppose de l'acheteur des preuves et une prompte réactivité pour pouvoir faire valoir ses droits :

– la **preuve** de l'existence du vice, de son caractère caché et de son antériorité par rapport à la vente **incombe à l'acheteur**, ce qui est parfois difficile en cas de destruction de la chose ; la notion prétorienne de **vice virtuel** (le dommage ne peut s'expliquer que par la présence d'un vice), lorsqu'il est retenu, allège le fardeau qui pèse sur l'acheteur ; les garanties conventionnelles qui peuvent lui être proposées et qui ne sauraient exclure en aucun cas la garantie légale, ont pour effet essentiel de le dispenser, durant le délai précisé, de rapporter cette preuve (garantie de bon fonctionnement) ; une fois l'obstacle de la preuve surmonté, l'acquéreur bénéficie d'une situation confortable, le vendeur ne pouvant s'exonérer en rapportant la preuve de son absence de faute (obligation de résultat) ;

– l'acheteur doit **agir dans un délai de deux ans** à compter de la découverte du vice (art. **1648**) ; si une expertise judiciaire est ordonnée, ce délai court, selon la jurisprudence, du jour du dépôt du rapport de l'expert ; si la garantie du vendeur est mise en œuvre dans le cadre d'une action récursoire (appelé en garantie par son acheteur qui est lui-même assigné en garantie par son propre acheteur), le point de départ de ce délai date du jour de sa mise en cause ;

– elle permet à l'acheteur d'obtenir, à son choix, **soit la résolution de la vente** (action rédhibitoire), **soit une diminution du prix** (action estimatoire ou dite encore action *quanti minoris*), nonobstant les actions de droit commun, à savoir en exécution forcée si le vice peut être réparé, en paiement de **dommages-intérêts** qui ne sont dus que si le vendeur est de mauvaise foi (art. 1645), ce qui est le cas dès lors que c'est un professionnel ; conventionnellement, le vendeur peut assurer le remplacement de la chose défectueuse par une chose neuve ;

– elle peut être écartée par une **clause de non garantie** – « vente en l'état » (clauses de style dans beaucoup de contrats, y compris dans les ventes immobilières de biens non neufs ou encore pour la vente de véhicules automobiles d'occasion) – qui n'est valable **que si le vendeur n'est pas un professionnel**, à moins que l'acheteur soit de même spécialité, auquel cas la clause de non garantie produira effet face à un vice indécelable (v. *supra*).

D – L'obligation de sécurité des produits

Longtemps masquée, faute de texte spécifique, derrière la garantie des vices cachés, voire derrière l'obligation d'information, elle connaît désormais, grâce à la transposition d'une directive européenne, un régime précisé aux **articles 1386-1 à 1386-18** du Code civil. Elle présente plusieurs particularités :

– elle transcende la distinction du contractuel et du délictuel car son **régime est identique que la victime soit l'acheteur du produit ou un tiers** (art. 1386-1) ;

– elle est **due par le producteur**, de tout ou partie du produit, par celui qui appose sa marque sur le produit, par celui qui l'importe sur le territoire de l'Union européenne (art. 1386-6) ;

– elle vise le défaut du produit, c'est-à-dire lorsque le produit « **n'offre pas la sécurité à laquelle on peut légitiment s'attendre** » et garantit les dommages provoqués à la personne et aux biens autres que le produit lui-même (art. 1386-2 et 1386-4) ; le produit est **tout meuble**, même s'il est incorporé dans un immeuble (art. 1386-3) et même si c'est un élément du corps humain, tel le **sang** (v. art. 1386-12) ;

– elle doit être exercée dans un **double délai,** d'action de **trois ans** à compter de la connaissance du défaut, et d'épreuve de **10 ans** après sa première (notion définie à l'art. 1386-5) mise en circulation (art. 1386-16 et 1386-17) ;

– la victime doit apporter la **preuve du défaut, du dommage et du lien de causalité** entre les deux (art. 1386-9), moyennant quoi la responsabilité du producteur est automatique ; l'article **1386-11 énumère les cas d'exonération** possibles du producteur (ni l'absence de faute – v. par ex., art. 1386-10 –, ni le fait d'un tiers ne le sont), dont font partie les « risques du développement » (impossibilité de connaître les risques du produit au moment de sa mise en circulation au vu de l'état des connaissances scientifiques et techniques) sauf pour ce qui concerne les éléments du corps humain et leurs dérivés (art. 1386-12) ;

– les **clauses élusives ou limitatives de responsabilité sont réputées non écrites**, sauf entre professionnels et uniquement, en ce cas, pour les dommages causés aux biens servant à une activité professionnelle (art. 1385-15).

II – Mise en œuvre des garanties

Qui est bénéficiaire des garanties dues par le vendeur ? Comment gérer le cumul possible d'actions ?

A – Les destinataires des garanties dues par le vendeur

• Pour l'**obligation de sécurité** des produits vendus, le législateur n'a pas limité les personnes pouvant s'en prévaloir : c'est **toute victime**, quel que soit son rapport avec le producteur.

• Pour les autres garanties, leur nature contractuelle les cantonnerait en principe aux relations vendeur/acquéreur, mais la jurisprudence en a décidé autrement.

– Spécificité du droit français (et sans doute uniquement pour les relations internes, v. *infra*, vente internationale de marchandises), la construction prétorienne et un peu chaotique de la transmission des droits et actions attachés à la chose (**transmission *propter rem***) aux acquéreurs successifs de la chose concerne avant tout les obligations que nous venons de voir, excepté, sans doute, celles d'information et de conseil.

– L'intérêt est, pour l'acquéreur malchanceux, qui ne peut obtenir réparation de la part de son vendeur parce qu'il est devenu insolvable (ouverture d'une procédure collective par ex.) ou parce qu'il a disparu, de pouvoir remonter la chaîne des contrats de vente et s'adresser ainsi au vendeur de son vendeur, voire, hypothèse la plus fréquente, directement au fabricant de la chose ; mais il ne peut, dans ce cas, espérer être remboursé que du prix perçu par ce fabricant et non celui qu'il aura lui-même payé ;

– Admettre que les acquéreurs successifs disposent d'une **action directe** contre le fabricant leur offre la possibilité, plutôt que de se placer sur le terrain délictuel pour engager la responsabilité de celui qui n'est pas leur vendeur direct (et devoir ainsi prouver leur faute, C. civ., art. 1382), de bénéficier des obligations de résultat (donc, pas de faute à prouver) qu'offrent ces garanties.

– Le revers de cet avantage tient dans le fondement de l'action directe. Les garanties qu'elle met en cause sont **celles prévues dans le contrat de vente originaire** qui les a fait naître et, de ce fait, toutes les conditions auxquelles leur exercice était subordonné sont opposables au sous-acquéreur : clauses limitatives de responsabilité (si le rapport initial concernait deux professionnels de même spécialité), clauses attributives de juridiction (choix du tribunal compétent) ou clause compromissoire (clause d'arbitrage)...

Le **devenir de cette solution jurisprudentielle est incertain**, la Cour de Justice de l'Union européenne a pour sa part, refusé de l'admettre (le lien contractuel ne concerne, selon elle, que les parties directes au contrat) dans le cadre du règlement (CE puis UE) sur la compétence judiciaire et la reconnaissance des jugements en matière civile et commerciale du 12 décembre 2012 (Bruxelles I), solution qu'elle devrait reconduire pour l'interprétation du règlement (CE) n° 593/2008 du 17 juin 2008 sur la loi applicable aux obligations contractuelles (Rome I). L'influence de plus en plus vérifiée des solutions du droit de l'Union européenne sur celles nationales risque fort de lui faire subir un sort fatal (*adde*, *infra*, vente internationale de marchandises).

B – Le concours d'actions

Une chose impropre à l'usage attendu est une chose dont l'acheteur ne voulait pas : il s'est donc trompé sur elle ; il n'a pas eu ce qu'il voulait en concluant la vente. L'acheteur pourrait ainsi utiliser les différentes faces du défaut de la chose pour échapper à la courte prescription de deux ans s'il agissait sur le terrain des vices cachés et bénéficier de la prescription de droit commun de 5 ans pour les différentes autres actions possibles (C. civ., art. 2219). Après avoir accepté que l'acheteur puisse invoquer le fondement qui l'arrangeait, la Cour de cassation est revenue à une **position plus stricte** : si le défaut entre dans les prévisions de l'article 1641 (vice caché), l'acheteur ne pourra pas se placer sur le terrain d'une erreur sur la substance ou d'un défaut de conformité. En revanche, en présence d'un dol du vendeur, la Cour de cassation admet encore le concours d'action (pour favoriser la sanction du comportement éhonté du vendeur auteur du dol ?).

Il y a toutefois un **concours d'actions « officialisé »** en droit commun de la vente (ce qui permet de passer le délai de prescription de trois ans – art. 1386-17 – à cinq ans pour une action fondée sur le défaut de délivrance par exemple) : ce concours résulte de l'**article 1386-18** qui réserve expressément, entre autres, les actions issues du droit de la responsabilité contractuelle. Le défaut de sécurité de la chose étant aussi un vice ou une non-conformité de celle-ci, le concours d'actions est donc maintenu par ce texte.

§ 3 – Les obligations de l'acheteur

Elles sont au nombre deux : une « principale » selon le Code civil (**art. 1650**), celle de payer le prix ; une « accessoire » (mais pas tant que cela), celle de prendre livraison de la chose (**art. 1657**).

I – L'obligation de payer le prix

Elle porte en fait non seulement sur le prix stipulé mais **aussi sur les frais** (dont les taxes ou les droits d'enregistrement) **et accessoires** de la vente (**art. 1593**).

A – Contenu

• Ce sont avant tout **les parties qui décident** du moment et du lieu du paiement mais, à défaut, il se fait au lieu et au temps de la livraison de la chose (**art. 1651**). Ce lieu est, sauf stipulation contraire, là où se trouve le vendeur (lieu où s'effectue la délivrance de la chose, **art. 1651**), mais dans les ventes immobilières, l'usage veut que le prix soit remis au notaire chargé de la rédaction de l'acte authentique qui, lui-même le remet au vendeur. Si le paiement est à terme (différé) et si, bien sûr, les parties n'ont rien prévu (spécialement pas de domiciliation bancaire pour la mise en place de virements), le paiement se fait au lieu où se trouve l'acheteur selon le principe de la quérabilité (**art. 1247, al. 3**).

• Le paiement étant un acte juridique, la **preuve**, qui incombe à l'acheteur (**art. 1315**), se fait par écrit – quittance – si le montant excède 1 500 euros et, de toute façon, se fait conformément aux **articles 1341 s.** du Code civil.

• L'**exception d'inexécution** peut être invoquée toutefois par l'acheteur si le vendeur commet un **manquement grave** à ses obligations (art. 1653, risque sérieux d'éviction par ex).

B – Sanctions

En dehors de tous les mécanismes de droit commun qui sont à sa disposition et de la protection que peuvent lui offrir certaines stipulations du contrat (clause de réserve de propriété, clause résolutoire pour défaut de paiement du prix), le vendeur bénéficie de quelques garanties spécifiques pour obtenir le paiement du prix.

• Tout d'abord, l'article 1612 lui permet de **refuser la livraison** de la chose tant qu'il n'a pas été payé.

• L'article 2332, 4°, lui reconnaît un **droit de revendication** de la chose entre les mains de l'acheteur dans les huit jours de la vente.

• Il dispose également d'un **privilège spécial**, mobilier (art. 2332, 4°) ou immobilier (art. 2374, 1°), suivant la nature de la chose vendue.

• En cas d'ouverture d'une procédure collective, le vendeur de meuble impayé n'est protégé que s'il est resté en possession de la chose car il peut alors exercer son droit de rétention ; les autres garanties tombent – art. L. 624-11 C. com. – sauf les exceptions prévues aux articles L. 624-12 s. du même Code ; il peut ainsi la revendiquer si elle est en cours de transport (« stoppage en transit », art. L. 624-13).

• En revanche, dans une telle hypothèse, le vendeur d'immeuble, qui a inscrit son privilège avant l'ouverture de la procédure, bénéficie du régime réservé par la loi aux créanciers inscrits et conserve son privilège.

II – L'obligation de prendre livraison de la chose

• Dans les **ventes immobilières qui portent sur des immeubles bâtis**, la délivrance de la chose se fait par la **remise des clefs**.

• Dans les **ventes mobilières**, l'acheteur a une « **obligation de retirement** » (art. 1657) qui est concomitante à la délivrance de la chose par le vendeur : elle s'effectue donc aux mêmes moment et lieu. L'acheteur doit supporter les frais de ce retirement (les frais de livraison sont en principe à la charge de l'acheteur).

C'est à l'occasion de ce retirement que l'acheteur doit **procéder à l'examen de la chose** vendue pour en dénoncer les vices apparents, voire le défaut de conformité par rapport aux stipulations du contrat.

Le défaut de retirement peut entraîner un préjudice pour le vendeur (conservation et stockage de la marchandise par ex.) qui peut mettre **en demeure sous astreinte** l'acheteur de procéder à ce retirement, voire de **demander la résolution de la vente**, celle-ci étant de plein droit pour les ventes de denrées et d'effets mobiliers et lorsqu'un délai a été stipulé (art. 1657).

Ces actions ne privent pas le vendeur de demander en outre des **dommages-intérêts**.

Chapitre 2
La vente – droit spécial

L'essentiel

On ne saurait être exhaustif et envisager toutes les ventes particulières tant elles sont nombreuses : que ce soit eu égard à l'objet de la vente – les ventes de produits sensibles, telles les ventes d'armes, les ventes de récoltes sur pied – ou la forme dans laquelle elle doit intervenir – ventes aux enchères, ventes électroniques –, elles sont régies par des règles propres qui dérogent, peu ou prou, aux règles de droit commun qui viennent d'être exposées.

On s'en tiendra à des exemples souvent cités à titre d'illustration d'une réglementation spécifique, et de portée plus générale que ceux qui viennent d'être visés : du côté du droit civil, la vente au profit d'un consommateur dont le trait saillant est la garantie de conformité qui pèse sur le professionnel cocontractant ; du côté du droit des affaires, la cession de fonds de commerce, réglementée dans le Code de commerce aux articles L. 141-1 s. et les contrats de distribution, si présents dans les ventes de biens et services. Enfin, dans un contexte économique de grande mobilité, voire de mondialisation des rapports commerciaux, quelques précisions sur le régime de la vente internationale de marchandises sera l'occasion d'être confronté aux aspects internationaux de la vente.

Section 1 – La vente au profit d'un consommateur

Les contrats évoqués sont ceux qui sont **conclus ou proposés par un professionnel, d'une part, et un consommateur,** (c'est-à-dire celui qui contracte pour ses besoins domestiques), d'autre part. Le développement qui va suivre ne concerne que ce seul type de rapport.

Parmi toutes les mesures qui se retrouvent, pour l'essentiel, dans le Code de la consommation, dont celles contre les pratiques commerciales trompeuses (art. L. 121-1 s.), la réglementation de la publicité (art. L. 121-8 s.), de la vente à distance (art. 1. 121-16 et s), de la réglementation des clauses abusives (C. consom., art. L. 132-1 et R. 132-1 et R. 132-2), des promotions, des soldes et des liquidations (art. L. 310-1 s.), et outre ce qui a pu être indiqué ici et là dans le cadre du chapitre 1, on s'attardera ici sur celles qui luttent contre les fausses bonnes affaires et sur la définition des obligations du vendeur.

§ 1 – La protection contre les ventes « attrape-pigeons »

Fondamentalement, le Code de la consommation fustige toute allégation de la part du professionnel qui tend à faire croire au consommateur à l'existence d'un avantage qui n'existe pas. Pour que les sanctions prévues en cas d'infraction (amendes pour les contraventions de la 5e classe) ne soient pas en contradiction avec la jurisprudence de la Cour de justice de l'Union européenne, il a été précisé, par une loi du 17 mai 2011, qu'elles sont encourues **si la violation constitue une pratique déloyale au sens de l'article L. 120-1** (« *une pratique commerciale est déloyale lorsqu'elle est contraire aux exigences de la diligence professionnelle et qu'elle altère, ou est susceptible d'altérer de manière substantielle, le comportement économique du consommateur normalement informé et raisonnablement attentif et avisé, à l'égard d'un bien ou d'un service* »).

• **C'est le cas des ventes avec primes.** L'article L. 121-35 interdit « *toute vente... faite aux consommateurs et donnant droit, à titre gratuit, immédiatement ou à terme, à une prime consistant en produits, biens ou services, sauf s'ils sont identiques à ceux qui font l'objet de la vente ou de la prestation, dès lors que la pratique en cause revêt un caractère déloyal au sens de l'article L. 120-1* ». Ce sont en fait de faux cadeaux car leur coût est intégré dans le prix de vente des produits. Se trouvent exclus du texte les menus objets et les échantillons (*ibid.*).

• **C'est le cas des ventes avec loteries.** Ce sont des opérations judiciaires qui tendent à « *faire naître l'espérance d'un gain attribué à chacun des participants* » (art. L. 121-36). Pour être valables, de telles pratiques ne peuvent imposer « *aucune contrepartie financière ni dépense sous quelle que forme que ce soit* » et supposent un bulletin de participation distinct du bon de commande (*ibid.*). La Cour de cassation n'hésite pas à obliger le professionnel, qui fait croire à une personne qu'elle a gagné sans bien souligner l'existence d'un aléa, à honorer sa parole (contrat *sui generis*).

• **C'est aussi le cas de la vente « à la boule de neige »,** soit, selon l'article L. 122-6, des pratiques qui consistent à offrir des marchandises au public en lui faisant espérer l'obtention de ces marchandises gratuitement ou à bas prix moyennant le placement de bons ou de tickets auprès d'autres personnes qui se verront proposer, à leur tour, le même avantage. Cette pratique, connue aussi sous le nom de « chaînes », conduit très vite à une saturation des candidats potentiels, conduisant ceux qui arrivent en cours à une impasse et à un coût financier du produit bien supérieur à ce qui est vanté. Mais il n'est pas encore interdit d'organiser des réunions chez soi ou chez un autre consommateur afin de vendre des produits (en général disponibles uniquement par cette voie – ex. célèbre de la marque Tupperware) qui permet à la démonstratrice (activité très féminisée en effet) de gagner des cadeaux. De même, le principe du parrainage « récompensé » est licite s'il se limite à une seule personne.

• **C'est encore le cas des ventes liées.** L'article L. 122-1 qui prohibe, sauf motif légitime, tout refus de vente envers un consommateur, interdit également de subordonner la vente à l'achat d'une quantité imposée (vente par lots) ou d'un autre produit. L'achat en grande quantité n'est en effet pas nécessairement plus avantageux. Une tolérance est cependant admise pour des produits qui sont traditionnellement vendus sous conditionnement unique (telles les allumettes ou certains produits laitiers). Les discussions les plus vives au sujet de la prohibition des ventes liées concernent actuellement les bouquets de télévision numérique subordonnés à des abonnements Internet haut débit ou les ventes d'ordinateurs et logiciels d'exploitation préinstallés (et, bien sûr, facturés).

§ 2 – Les obligations du vendeur professionnel

Nonobstant celles de droit commun et qui s'adressent a fortiori à tout professionnel contractant avec un consommateur, le Code de la consommation a détaillé deux obligations spécifiques : l'obligation d'information et la garantie de non-conformité.

I – L'obligation d'information due au consommateur

Elle est développée aux articles L. 111-1 s. et se décline en quatre points.

• C'est tout d'abord **une obligation générale d'information précontractuelle** (art. L. 111-1 s.). Il faut que le consommateur soit en mesure non seulement de connaître les caractéristiques du produit, la période pendant laquelle les pièces indispensables seront disponibles sur le marché, mais aussi toute information sur l'identification, le statut juridique du vendeur, l'obtention des agréments ou autorisations éventuellement nécessaires.

• Elle porte ensuite sur la **présentation des produits et le contenu des étiquettes** (art. L. 112-1 s.) concernant certains produits (fromages – art. L. 112-1 ; vins – art. L. 112-2-1 ; chocolat – art. L. 112-7…).

• Le code réglemente aussi le **prix et les conditions de vente** (art. L. 113-1 s.), même si le principe reste celui de la libre concurrence. De façon générale, « *tout vendeur… doit, par voie de marquage, d'étiquetage, d'affichage ou par tout autre procédé approprié, informer le consommateur sur les prix, les limitations éventuelles de la responsabilité contractuelle et les conditions particulières de la vente…* » (art. L. 113-3). Les opérateurs de service téléphoniques voient leurs obligations à ce sujet soigneusement détaillées (v. art. L. 113-4).

• Enfin, un chapitre est consacré aux prix, y compris les accessoires, et conditions de vente, dont les modalités doivent être indiquées au contrat (le secteur de la téléphonie a droit à un article spécifique – L. 113-4) et dont le non-respect entraîne des sanctions pénales (jusqu'à 3 000 € pour une personne physique et 15 000 € pour une personne morale, outre des sanctions particulières prévues en sus à l'article L. 113-8 pour les transporteurs aériens).

II – La garantie de non-conformité

Transposant la directive du 25 mai 1999, l'ordonnance du 17 février 2005 a inséré dans le Code de la consommation tout un titre (art. L. 211-1 s.) sur la **conformité des biens meubles corporels** (y compris l'eau et le gaz s'ils sont conditionnés, mais non l'électricité) vendus aux consommateurs. Ce régime englobe les contrats portant sur des choses à fabriquer. Les dispositions ne sont pas applicables aux ventes par autorité de justice et aux ventes aux enchères publiques.

Les traits principaux de ce régime, qui ne sont pas sans rappeler les solutions de la convention de Vienne du 11 avril 1980 sur la vente internationale de marchandises (v. *infra*), sont les suivants.

• Une **garantie légale quant au défaut de conformité** du bien, qui s'entend à la fois d'un défaut par rapport aux stipulations contractuelles (rentrant dans l'obligation de délivrance en droit commun de la vente) – art. L. 211-4 – et d'un défaut rendant la chose impropre à l'usage attendu (soit, en droit commun, les vices cachés) – art. L. 211-5 - ; cette garantie adopte ainsi une **conception moniste** de l'exigence de conformité.

• Les **conditions de mise en œuvre** de la responsabilité sont très proches du **droit commun de** la vente (v. *supra*), tant quant à la preuve de l'antériorité du défaut (art. L. 211-4) dont la charge pèse sur l'acheteur (qui bénéficie cependant d'une présomption d'antériorité si le défaut apparaît dans les six mois de la délivrance du bien – art. L. 211-7) que quant à l'ignorance – si elle est légitime – de la part de ce dernier de l'existence du défaut de conformité (art. L. 211-8).

• Le **délai d'action est de deux ans à compter de la délivrance** du bien (art. L. 211-12), nonobstant le droit pour l'acheteur d'exercer toute autre action de nature contractuelle (ex. celle pour vices cachés des art. 1641 s. C. civ.) ou extracontractuelle (art. L. 211-13).

• L'existence d'un défaut de conformité du bien ouvre une **option** au consommateur entre la **réparation et le remplacement** (sauf au vendeur de pouvoir alléguer un coût excessif par rapport à la valeur du bien, ce qui l'autorise à imposer à l'acheteur l'option non choisie par lui) – art. L. 211-10 ; en cas d'impossibilité de l'une et l'autre options, l'acheteur peut restituer le bien contre remboursement du prix, ou le garder et se faire rendre une partie du prix (art. L. 211-10) ; l'allocation de dommages-intérêts en sus est possible (art. L. 211-11, al. 2).

• La **garantie commerciale** offerte à l'acheteur est nécessairement faite par écrit qui doit en préciser toutes les modalités et dans lequel le vendeur doit rappeler qu'il reste tenu des garanties légales (vices cachés et défaut de conformité) – art. L. 211-5.

• L'ensemble de ces dispositions est **d'ordre public** et ne saurait être écarté par une convention contraire, sauf si celle-ci intervient après la formulation par le consommateur d'une réclamation (art. L. 211-17).

Section 2 – La vente internationale

Une vente est internationale dès lors que le contrat comporte des **éléments d'attache avec d'autres pays** : nationalité ou résidence des contractants, lieu de conclusion ou d'exécution du contrat, langue utilisée, voire choix d'une juridiction étrangère pour tout contentieux pouvant survenir à propos du contrat (ce critère, implicitement admis dans le règlement Rome I de l'Union européenne, pose une réelle difficulté en droit français eu égard au régime strict de telles clauses en droit interne qui exclut en conséquence un choix de loi si le contrat n'a pas un caractère objectivement international).

Deux critères sont alternativement utilisés ; le second l'est plus fréquemment que le premier :

– un **critère juridique** qui se borne à prendre acte de cette extranéité quel que soit l'élément concerné ;

– un **critère économique** (le seul utilisé en droit du commerce international) qui considère qu'il faut que le contrat produise un effet transfrontalier (un flux et reflux au-delà des frontières).

Ainsi une vente conclue en France entre deux ressortissants étrangers pour y être entièrement exécutée est une vente internationale au regard du critère juridique mais une vente interne au regard du critère économique.

Lorsque la vente est internationale, il convient de se pencher sur une double question qui a trait à la détermination de la loi applicable (sur la méthode, v. Mémento *Droit international privé*), et au contenu de la réglementation internationale des ventes de marchandises entre professionnels posée par la convention de Vienne du 11 avril 1980.

§ 1 – Généralités sur la réglementation des ventes internationales

Trois points seront ici évoqués : la loi applicable aux ventes en général, les règles spéciales prévues pour les ventes aux consommateurs et les incoterms (qui concernent les ventes entre professionnels).

I – La détermination de la loi applicable aux ventes en général (*lex contractus*)

Cette question relève fondamentalement du règlement (CE) n° 593/2008 du 17 juin 2008, dit **règlement Rome I**.

Ce règlement retient (art. 3) la solution traditionnelle en droit international privé de laisser les parties désigner, par un choix exprès (clause d'*electio juris*) ou de stipulations dépourvues d'ambiguïté, la loi applicable à leur contrat sans exiger un lien objectif de rattachement entre cette loi et leur situation contractuelle : c'est l'application du **principe d'autonomie**. Les contractants peuvent aussi dissocier leur choix (système du « dépeçage ») et soumettre les différentes parties de leur contrat à des lois distinctes.

En aucun cas, cette possibilité de choix de loi ne permet aux parties d'échapper aux lois impératives du pays dans lequel tous les éléments du contrat sont localisés (dans le cas où ce pays admettrait l'efficacité d'une clause de choix de loi dans cette situation).

À défaut de choix, le contrat est régi par la loi qui est désignée selon une règle objective (sans référence aucune alors à une hypothétique volonté des parties) qui en matière de vente se décline en deux hypothèses principales et deux autres très spécifiques :

– la vente de biens est régie par la **loi du pays dans lequel le vendeur a sa résidence habituelle** – ou lieu du siège de son entreprise (art. 4-1, a) ;

– la vente portant sur un immeuble est régie par la **loi du lieu de situation de cet immeuble** (art. 4-1, c).

Étant précisé que :

– la vente aux enchères est régie par la loi du pays où les enchères ont lieu (art. 4-1, g) ;

– la vente en bourse (ou équivalent) d'instruments financiers est régie par la loi où sont menées les transactions.

La convention de La Haye du 15 juin 1955 sur la loi applicable à la vente d'objets mobiliers corporels (marchandises dans le langage courant) retient, pour l'essentiel, des solutions similaires (loi choisie par les parties ou, à défaut, loi du pays où le vendeur a son établissement au moment de la commande). Cette convention, ratifiée par 9 États dont la France, s'applique au lieu et place du règlement Rome I pour les ventes qu'elle régit même si la loi désignée n'est pas celle d'un État contractant (sauf exception visée ci-dessous au II).

Le juge a toujours la possibilité d'écarter une loi ainsi désignée en présence d'une disposition impérative dans l'ordre international de son propre système (loi de police – art. 9) ou si son application à l'espèce est manifestement incompatible avec l'ordre public de son pays (art. 21).

II – Loi applicable à la vente conclue avec un consommateur

À l'instar de l'assuré (art. 7) et du salarié (art. 8), le règlement Rome I (art. 6) pose des règles particulières concernant les contrats conclus entre un professionnel et un consommateur (sur la notion, v. *supra*) : cela ne concerne ni la vente d'immeuble ni la cession de droits financiers (art. 6-4).

À défaut de choix de loi dans le contrat de vente, la loi qui lui est applicable objectivement est celle de la **résidence habituelle du consommateur à la condition que le professionnel y exerce son activité ou l'a dirigée vers ces pays** (ex. de salons/foires, de sites Internet spécialement adressés aux consommateurs de ce pays…). Si cette condition n'est pas remplie, on retombe dans la désignation de droit commun de l'article 4-1 (loi du pays de la résidence habituelle du vendeur ou loi du lieu de situation de l'immeuble).

Les parties (comprenons le professionnel) peuvent insérer dans leur contrat **une clause de choix de loi qui ne saurait cependant priver le consommateur de la protection que lui assurent les dispositions impératives de la loi de sa résidence à condition toutefois que celle-ci serait la loi applicable dans le cadre d'une détermination objective**. Si la condition tenant au lieu d'exercice de l'activité du professionnel n'est pas remplie, la loi choisie produira tous ses effets sans protection particulière pour le cocontractant consommateur.

La convention de La Haye susvisée du 15 juin 1955 ne comportant aucune disposition spécifique pour les consommateurs, on estime que pour une vente internationale de marchandises les concernant, il faut alors privilégier l'application du règlement Rome I.

III – Les Incoterms

L'emploi des Incoterms (*international commercial terms*), dont la liste a été établie et est régulièrement mise à jour par la Chambre de commerce internationale de Paris, est fréquent, voire de principe, dans les contrats de vente internationale si la chose vendue doit voyager.

Ils ne concernent que les rapports entre professionnels et ont pour objet de déterminer les obligations des parties, spécialement **quant à la livraison des marchandises, le transfert des risques et la charge, de ce fait, de l'assurance pendant le transport**.

Ils sont classés en 4 catégories et sont visés sous forme de sigles :

– la 1re concerne le cas où les marchandises sont à la disposition de l'acheteur dans les locaux du vendeur (**EXW**, soit *Ex works*, c'est-à-dire à l'usine – ou équivalent) ;

– la 2e (dite *Free* – franco) concerne les hypothèses où le vendeur n'assume ni les frais du transport principal ni les risques y afférent ; on y trouve les ventes **FOB** (*Free on board* – le vendeur livre les marchandises sur le navire) ;

– la 3e (dite *Cost or Carriage* - coût ou port) concerne les hypothèses où le vendeur assume les frais du transport mais non les risques de celui-ci ; on peut citer ainsi les ventes **CIF** (*Cost, Insurance and Freight* – Coût, assurance et fret) ;

– la 4e (*Delivered* – livré) concerne les cas où le vendeur accepter de prendre en charge en tout ou partie la livraison, le transport, les risques, telles les ventes **DAF** (les obligations se prolongent jusqu'à la frontière) ou **DEQ** (*Delivered ex quay duty paid* – livré à quai, droits acquittés).

§ 2 – La convention de Vienne du 11 avril 1980 sur la vente internationale de marchandises

Cette convention (citée sous le sigle de **CVIM**), a eu un énorme succès auprès des États (en vigueur, au 1er octobre 2015, dans **83 pays** situés dans les cinq continents), sans doute un peu moins auprès du monde professionnel (son application peut en effet être écartée par une stipulation expresse dans le contrat et cette faculté est régulièrement utilisée).

Elle apporte des **solutions de fond** (elle ne se prononce pas sur la loi applicable) aux problèmes rencontrés lors de telles ventes, de sa conclusion à son exécution ou sa résolution. Elle ne concerne pas les ventes conclues avec les consommateurs (art. 2, a).

Elle régit les ventes conclues entre parties qui ont leur **établissement dans des États différents**. Elle s'applique à la vente dès lors que ces pays sont des **États contractants** ou si **la loi applicable** de ce contrat est celle **d'un État contractant**, et sous réserve que les parties ne l'aient pas exclue (art. 6).

Elle constitue, dans son domaine d'application, le droit français des ventes internationales et évacue ainsi les dispositions de droit interne qui ont été précédemment vues.

Néanmoins, la plupart des solutions de la CVIM sont très proches de celles du droit français.

Il y a malgré tout quelques différences dont les plus notables sont les suivantes.

1 – De la combinaison des articles **14** (qualités de l'offre, précise, notamment avec une fixation, même implicite du prix, et ferme – une proposition adressée au public n'est pas, sauf précision contraire de l'offrant, une offre) et **55** (référence au prix du marché quand les parties n'ont rien dit quant à la fixation du prix), il ressort que dans les pays où les modalités de fixation du prix n'est pas une condition de validité du contrat (ce qui n'est pas le cas de la France), **le prix sera celui du marché** dans la même branche commerciale, pour les mêmes marchandises vendues dans des conditions similaires.

Le juge français peut être ainsi amené (aidé, le cas échéant, par une expertise) à fixer lui-même le prix des marchandises pour une vente soumise à une loi étrangère « permissive » à cet égard, ce qui lui est interdit en droit français.

2 – La **résolution du contrat** peut intervenir sur **simple déclaration de l'une des parties** constatant que la vente est affectée d'une « **contravention essentielle** », c'est-à-dire que le préjudice est tel que le contrat est privé substantiellement de ce qu'on était en droit d'attendre. Cette déclaration peut même anticiper la contravention essentielle s'il apparaît que celle-ci est inéluctable.

3 – Le vendeur est tenu d'une **garantie de conformité** des marchandises qui englobe à la fois son obligation de délivrance et la garantie des vices cachés (art. 35-2).

L'acheteur doit vérifier les marchandises dans un **bref délai** (art. 38) et dénoncer les vices décelés dans un **délai raisonnable** (art. 39-1), **sans que cela puisse excéder 2 ans** à compter de la livraison (délai d'épreuve de la marchandise, art. 39-2). Ces délais ne concernent pas le délai de prescription de l'action (non géré par la CVIM) qui relève de la *lex contractus*.

4 – C'est le **principe de la portabilité (**remise entre les mains du vendeur**)** qui a été retenu pour le **paiement du prix** (art. 57 ; *contra* C. civ., art. 1247, al. 3).

5 – Le **transfert des risques** à l'acheteur est lié à la **livraison** de la marchandise (art. 67) ;

6 – La victime de l'inexécution du contrat a un **devoir de minimiser le dommage** (*mitigation of damages*), c'est-à-dire prendre les mesures raisonnables pour limiter la perte, sinon, elle s'expose à voir son indemnité de réparation réduite au prorata de ce qui aurait pu être évité (art. 77).

Section 3 – La cession de fonds de commerce

Le régime juridique de la cession du fonds de commerce, précisé aux articles L. 141-1 s. du Code de commerce, est axé, pour en rester à l'essentiel, sur la **protection de l'acquéreur** – par l'exigence d'une information éclairée sur ce qu'il achète – et sur celle des **créanciers** – grâce à une publicité de la vente –, la protection du vendeur, par le biais des garanties qui lui sont offertes, étant nettement en retrait. Ces dispositions complètent celles du droit commun de la vente applicables tant aux conditions de formation du contrat qu'aux effets et des garanties dues par le vendeur. Spécialement, la garantie d'éviction de son propre fait prend ici un relief particulier car elle permet, à défaut de clause de non-concurrence (souvent insérée cependant), de mettre en cause malgré tout la responsabilité du vendeur qui s'aviserait de détourner la clientèle attachée au fonds de commerce vendu. Si le vendeur est marié sous un régime de communauté et que le fonds a été créé ou acquis durant ce régime, sa vente relève du régime de la cogestion de l'article 1424 C. civ., ce qui suppose donc, à peine nullité de la cession, que le conjoint soit co-vendeur. **De réforme en réforme, ce qui a été longtemps absent de la vente de fonds de commerce prend de plus en plus de place :** l'existence de droits de préférence accordés à certaines catégories de personnes (privées ou publiques) oblige le rédacteur de l'acte à davantage de vigilance au moment de procéder à la vente du fonds.

§ 1 – L'information de l'acquéreur d'un fonds de commerce

L'acquéreur doit avoir la capacité d'être commerçant puisque la cession de fonds de commerce est un acte de commerce (un mineur ne peut donc se porter acquéreur). En outre, pour l'exploitation de certains fonds, des diplômes sont requis (ex. fonds de pharmacie, salon de coiffure ou d'esthéticien…) et le rédacteur professionnel de l'acte de vente doit vérifier que l'exigence est bien remplie.

Mais surtout, les dispositions du Code de commerce mettent l'accent sur l'importance pour lui d'être en mesure de vérifier si le prix de cession correspond à la valeur du fonds.

• Pour cela, l'acte de cession, qui doit être passé par **écrit** (cela résulte implicitement de l'article L. 141-1 qui parle d' « acte » et qui exige la présence de certaines énonciations) – c'est le plus souvent un sous seing privé –, doit indiquer, outre ce qui permet d'identifier les parties, le prix, « le **chiffre d'affaires** qu'il a réalisé durant **les trois exercices comptables précédant** la vente... [et] les **bénéfices commerciaux** réalisés pendant le même temps » (art. L. 141-1, 3° et 4°). Ces indications sont essentielles car l'usage est d'évaluer la valeur du fonds sur ces éléments (le prix équivaut en général à un an de chiffre d'affaires calculé sur la moyenne des trois dernières années).

• L'**omission** de ces éléments est susceptible, à la demande de l'acquéreur formée dans le délai d'un an à compter de la vente et sous l'appréciation du juge, d'entraîner **la nullité de la vente**. Si elle résulte néanmoins d'un comportement volontaire du vendeur et si les éléments tus étaient déterminants, une action en nullité pour dol (C. civ., art. 1116, délai d'action de cinq ans alors) est possible.

• L'**inexactitude** des mentions donne droit à l'option prévue par la **garantie des vices cachés** (art. L. 141-3, résolution ou diminution du prix) mais l'action est soumise à un délai d'un an (art. L. 141-4). Là encore, si les inexactitudes sont constitutives d'un dol du vendeur, l'action en nullité sur le fondement de l'article 1116 C. civ. peut être envisagée.

• De plus, l'article L. 141-2 impose la **communication de tous les livres de comptabilité** (qui doivent être visés le jour de la cession) tenus pendant la même période d'exercice et qui font l'objet d'un inventaire entre les parties.

§ 2 - La publicité de la cession de fonds commerce

Prévue aux articles L. 141-12 s., elle est **très contraignante** et conduit à une **indisponibilité du prix pendant au moins quatre mois et demi**, ce qui explique que parfois, les parties (surtout le vendeur) préfèrent dissimuler une cession de fonds sous une cession de bail qui, elle, échappe à de telles formalités. Cette pratique rend fragile le contrat conclu dont la fausseté peut être facilement décelée (s'il y a indiscutablement cession de clientèle par exemple) et peut être attaqué par tout intéressé (notamment action possible des créanciers pour fraude de leurs droits).

Elle a pour objet **de protéger les créanciers du vendeur** (que leur créance soit issue ou non de l'activité exploitée dans le fonds) **et l'administration fiscale** pour les impôts et taxes liées à cette activité, les uns et les autres étant en droit (s'ils respectent la procédure qui leur est offerte) d'être désintéressés sur le prix de cession. Mais elle protège **aussi par là même l'acquéreur** qui, si le prix était délivré immédiatement au vendeur sans procéder à la publicité et aux formalités fiscales, serait redevable, une seconde fois, de ce prix vis-à-vis de ces créanciers car le premier paiement leur serait alors inopposable. Le prix, versé par l'acheteur au jour de la cession, est donc « **consigné** » en attendant la fin des formalités.

Il y a une double « procédure » à respecter, après avoir dûment **enregistré à la recette des impôts** la vente.

• D'une part, et pour s'en tenir aux grandes lignes, il faut faire dans les 15 jours de la vente une **publicité au journal d'annonces légales (JAL),** qui sera suivie, dans la quinzaine, d'une annonce dans le **Bulletin officiel des annonces civiles et commer-**

ciales (BODACC) afin de faire partir les délais d'opposition des créanciers (10 jours ; par exploit d'huissier exclusivement ; les créanciers inscrits en sont dispensés) puis de surenchère (20 jours) qui permet ainsi de purger les sûretés qui grèvent le fonds lorsque le prix est inférieur au montant des dettes.

• D'autre part, il faut accomplir les **formalités fiscales**, ce qui suppose une déclaration à l'administration fiscale pour qu'elle puisse établir le décompte de ce qui reste à devoir par le vendeur. Cette déclaration doit être faite dans les deux mois de la publicité au JAL et l'administration fiscale a trois mois pour répondre. Si le premier délai de deux mois peut être raccourci (il suffit d'être diligent), en revanche le second ne l'est pas car l'administration fiscale peut toujours, dans ce délai de trois mois, revenir sur un précédent décompte s'il s'avère erroné.

Le **délai d'indisponibilité du prix** est donc, au vu de ces contraintes fiscales, de **quatre à quatre mois et demi au minimum**. La prudence impose de séquestrer ce prix (afin d'éviter une saisie par des créanciers du vendeur) et l'usage veut que ce prix soit placé (auprès de produits financiers sûrs) sur accord des parties pour le rendre productif d'intérêts pendant la durée de l'indisponibilité.

§ 3 – Les garanties du vendeur de fonds de commerce

La loi en prévoit deux au profit du vendeur qui consent un paiement à terme (assez fréquent), mais les parties peuvent en convenir d'autres.

• Il y a tout d'abord le privilège **du vendeur de fonds de commerce** (art. L. 141-5) qui lui confère un droit de préférence qui doit, **à peine de nullité**, être inscrit, après enregistrement de la cession auprès du bureau des services des impôts, **dans les 15 jours de la vente** (pour une durée de 10 ans sauf à être renouvelé). Ce privilège couvre les trois postes du prix : stock, matériels et outillage, et éléments incorporels, l'imputation des paiements se faisant au fur et à mesure (sauf convention contraire des parties) dans cet ordre-là. Il est opposable aux autres créanciers du vendeur même en cas de procédure de sauvegarde, de redressement ou de liquidation judiciaire.

• Il y a ensuite **l'action résolutoire** de l'article 1654 du Code civil, **à condition** qu'elle ait été « **mentionnée et réservée dans l'inscription** » (art. L. 145-5, al. 2), grâce à laquelle le vendeur impayé pourra reprendre son fonds moyennant restitution des acomptes (éventuellement une compensation avec une indemnisation, si le fonds a perdu de sa valeur du fait de l'acquéreur, pourra être opérée).

• Il est en outre fréquent que le vendeur prenne un **nantissement sur le fonds** (sûreté prévue à l'article L. 142-1 s.) qui ne porte cependant que sur les éléments incorporels et, éventuellement, si les parties l'ont précisé, sur le matériel et l'équipement, mais jamais sur le stock.

• Enfin, le prix peut être payé par **billets de fonds** (billets à ordre), sur lesquels figure l'indication qu'ils sont émis en paiement d'un fonds de commerce, conférant ainsi au vendeur les avantages du droit cambiaire.

§ 4 – Les droits de préemption et de préférence dans les cessions de fonds de commerce

Ils résultent de deux interventions législatives, la première, en date du 2 août 2005 (loi Dutreil), offre un véritable droit de préemption, la seconde, en date du 31 juillet 2014 (loi Hamon) est davantage articulée comme un droit de préférence.

• Dans les communes qui ont créé par délibération du conseil municipal un « périmètre de sauvegarde du commerce et de l'artisanat », chaque cession de fonds de commerce dans ce périmètre doit, à peine de nullité, faire l'objet d'une déclaration préalable qui précise le prix, l'activité de l'acquéreur pressenti, le nombre de salariés du cédant, la nature de leur contrat de travail et les conditions de la cession. La commune dispose d'un délai de deux ans pour rétrocéder le fonds à une entreprise en vue d'une exploitation **destinée à préserver la diversité et à promouvoir le développement de l'activité commerciale et artisanale dans le périmètre concerné** (C. urb., art. L. 214-1).

• **Dans les PME** (entreprises de moins de 250 salariés dont le chiffre d'affaires annuel n'excède pas 50 millions d'euros ou le total de bilan n'excède pas 43 millions d'euros), s'applique désormais (pour toute cession intervenue depuis le 1er novembre 2014) une **procédure ouverte au profit des salariés** de l'entreprise venderesse de son fonds **pour les informer du projet de cession afin de leur permettre de pouvoir faire une offre d'acquisition de celui-ci.** Les modalités d'information (précisées à l'art. D. 141-4 C. com.) diffèrent suivant qu'il s'agit d'une entreprise de moins de 50 salariés – ou dispensée de mettre en place un comité d'entreprise – (C. com., art. L. 141-23 s.) ou d'une entreprise employant de 50 à 249 salariés (C. com., art. L. 141-28 s.). La sanction du non-respect de cette obligation pesant sur le cédant est une nullité de la cession faite en fraude des droits des salariés qui ont un délai de 2 mois à compter de la publication de la cession pour exercer cette action en nullité (art. L. 141-23, les deux derniers al., et L. 141-28, avant-dernier al.).

Section 4 – Les contrats de distribution

Même si leur objet n'est pas exclusivement la vente par un professionnel des produits fabriqués par un autre qui ne veut pas s'en charger, les contrats de distribution ont pour objectif essentiel d'organiser de telles ventes. Les « distributeurs » se présentent donc comme des intermédiaires spécialisés qui vont assurer la commercialisation des produits fabriqués par le « fournisseur » tant auprès de consommateurs que de professionnels (ceux qui contractent pour les besoins de leur activité professionnelle). La matière est dominée par les règles sur le **droit de la concurrence**, qu'elles soient issues du droit interne (C. com., art. L. 420-1-1 s.) ou du droit de l'Union européenne (art. 101 TFUE).

Pour s'en tenir aux principaux, on retiendra quatre types de contrat :

- le contrat de distribution exclusive ;
- le contrat de distribution sélective ;
- le contrat de concession exclusive ;
- le contrat de franchise.

La particularité de ces contrats tient à la nature de contrats *intuitu personae* de sorte que leur cession n'est pas libre (il faut obtenir l'agrément du distributeur/concédant/franchiseur).

§ 1 - Le contrat de distribution exclusive

Le nom parle de lui-même. Un tel contrat assure une **exclusivité** (sans concurrence), en général au distributeur mais cela peut être parfois au profit du fournisseur. Dans le premier cas, le fournisseur s'assure des services exclusifs du distributeur tandis que dans le second cas, le distributeur est assuré de l'absence de concurrent dans le secteur défini. Les clauses peuvent aussi se croiser, l'une et l'autre étant alors interdépendantes.

Pour protéger les distributeurs, le Code de commerce limite à **10 ans la validité d'une clause d'exclusivité** (C. com., art. L. 330-1) mais elle peut être renouvelée à son expiration. En fait, et sous l'influence du droit de l'Union européenne qui a largement modelé le droit français de la concurrence, la clause doit avoir un **caractère proportionné**, ce qui conduit à vérifier, à l'aulne de ce critère, la légitimité de la durée prévue, fût-elle dans ce délai de dix ans.

En outre, les articles L. 330-3 et L. 441-6 du Code de commerce imposent une **obligation préalable d'information au profit du distributeur** à la disposition duquel le fournisseur met un nom commercial, une marque ou une enseigne, afin qu'il puisse s'engager en toute connaissance de cause. Le manquement à cette obligation (non ou mal remplie) est de nature à justifier la nullité du contrat de distribution pour dol éventuellement. Il est prévu aussi des sanctions administratives pour certaines infractions (art. L. 441-6-VI, amende pouvant aller jusqu'à 75 000 € pour une personne physique et 375 000 € pour une personne morale).

Le contrat prend fin à son terme ou, s'il est à durée indéterminée, selon le droit commun, par résiliation unilatérale moyennant respect d'un préavis (celui convenu, ou conforme aux usages, ou encore raisonnable – art. L. 442-6, 5°).

§ 2 - Le contrat de distribution sélective

Dans cette hypothèse, il ne s'agit plus pour les protagonistes de s'engager par une clause d'exclusivité mais pour le fournisseur d'imposer une **image de qualité** dans la commercialisation de ses produits. Cette catégorie ne concerne que les rapports entre professionnels (vis-à-vis d'un consommateur, c'est le droit de la consommation qui s'applique)

La particularité de ce type de distribution tient en général à la qualité des produits que le fournisseur veut démarquer des produits plus courants en imposant leur vente dans des lieux soigneusement choisis.

Ce type de contrat est très fréquent pour les produits de grande marque : les distributeurs sont sélectionnés au regard de **critères objectifs** (et surtout non discriminatoires ; tout refus d'agrément doit être justifié) et eu égard à la **quantité des produits** qui leur sont délivrés.

Cette double sélection permet de mettre en place un **réseau de distributeurs** et le fournisseur ne vendra pas à un commerçant qui n'en fait pas partie.

La licéité de ce type de réseau et, en conséquence, des refus de ventes aux personnes autres que celles du réseau, doit être vérifiée, elle aussi, au regard des règles sur le droit de la concurrence. Il ne doit pas porter atteinte à une concurrence effective sur le marché de l'Union européenne et les critères doivent être justifiés par la nature des produits : toute exigence qui ne s'impose pas eu égard à cette considération est illicite au regard du droit de la concurrence. Ces contrats doivent répondre aux exigences posées par les articles L. 410-1 s. du Code de commerce, spécialement quant à la prohibition des pratiques restrictives de la concurrence (C. com., art. L. 442-1 s.).

§ 3 – Le contrat de concession

Définition. Ce contrat consiste pour un fournisseur (fabricant ou importateur) – le **concédant** – à accorder à un commerçant – le **concessionnaire** – l'exclusivité de la distribution de ses produits sur un territoire déterminé, pendant une période limitée et sous sa surveillance. Le concessionnaire peut pareillement s'engager à ne pas distribuer d'autres produits que ceux du concédant (clause de non-concurrence). Dans ce cas, on est en présence d'une **concession exclusive**.

Ce type de commercialisation est très fréquent dans le secteur automobile, ainsi que dans celui des boissons servies dans les cafés.

Comme dans la distribution sélective, le concédant est attaché à son image de marque auprès de la clientèle, ce qui explique son droit de contrôle sur les modes opératoires du concessionnaire. En contrepartie, il apporte au concessionnaire une assistance technique (publicité, aménagement des locaux, formation du personnel...).

Difficultés. La concession exclusive soulève quatre observations qui sont toutes liées au droit de la concurrence :

– on retrouve ici l'exigence du **caractère proportionné** du secteur géographique concédé à titre d'exclusivité car il ne doit pas être porté atteinte à la libre concurrence ;

– du côté du concédant, il faut vérifier que les clauses du contrat n'imposent pas au concessionnaire des **obligations disproportionnées** ;

– inversement, du côté du concessionnaire, on vérifiera qu'il n'y a pas d'**abus de dépendance économique (C. com., art. L. 420-2)** lorsqu'il occupe une place prépondérante sur le marché (comme certaines centrales d'achat très puissantes) ;

– enfin, et ce n'est pas la moindre, sa **compatibilité avec le droit de l'Union européenne**, douteuse le cas échéant si elle affecte le commerce entre les États membres ou si elle exerce un effet restrictif sur le jeu de la concurrence, dépend de dérogations individuelles accordées par la Commission de Bruxelles, ou d'exemptions générales (pour toute une catégorie d'accords) octroyées par règlements.

• **Rapports entre le concédant et le concessionnaire.** Ils sont avant tout régis par les termes du contrat que les parties se doivent de respecter, y compris l'exclusivité territoriale accordée par le concédant et l'obligation de non-concurrence acceptée par le concessionnaire.

En fait, le contrat de concession est un **contrat-cadre** (contrat *sui generis*) qui fixe les conditions générales des ventes à venir, notamment celles relatives à la fixation du prix de vente des produits (c'est à ce sujet que les quatre arrêts de l'assemblée plénière de la Cour de cassation en date du 1er décembre 1995 ont validé la pratique de la référence au prix figurant dans le catalogue du fournisseur).

Le concédant est tenu de l'**information précontractuelle** des articles L. 330-3 et L. 441-6 du Code commerce (visée au §1). Le concessionnaire est contraint de respecter les **quotas d'achats** s'il y a lieu, les **règles commerciales** prescrites par le concédant et **informer** ce dernier de l'**évolution du marché** si cela est prévu.

La fin de leurs rapports, hormis la résiliation pour faute de part ou d'autre, tient à l'arrivée du terme du contrat (très peu sont à durée indéterminée, auquel cas la résiliation unilatérale est possible à tout moment après respect d'un préavis écrit et raisonnable), ce qui pose la question du droit à indemnisation du concessionnaire à qui on refuse le renouvellement de son contrat : le principe demeure que **le concessionnaire ne peut réclamer l'indemnité** à laquelle ont droit les agents commerciaux ou les VRP, mais cela est de plus en plus contesté par une partie de la doctrine.

• **Rapports entre le concessionnaire et son client**. Le concessionnaire agit à titre indépendant : il achète et revend pour son compte (ce n'est pas par exemple un agent commercial) ; ces contrats de vente relèvent des règles applicables au type de vente concernée, sans que l'existence d'une concession en amont change quoi que ce soit (sauf pour l'acquéreur à pouvoir exercer l'action directe contre le fabricant – v. *supra*). Vis-à-vis du client, le concessionnaire est donc un véritable vendeur et répond, à ce titre, de toutes les obligations qui en découlent.

Le prix qu'il peut pratiquer est en principe libre (interdiction des « prix conseillés »).

§ 4 – Le contrat de franchise

• C'est le plus **hétérogène** des contrats de distribution en ce que les obligations des parties, dont la relation tend à la commercialisation de produits, sont diverses.

• D'un côté, le **franchiseur** s'oblige à mettre à la disposition de celui qui va distribuer les produits sélectionnés un **savoir-faire** et des **signes distinctifs** pour assurer une uniformisation de la commercialisation. Il est très rarement le fabricant des produits et en conséquence, ce n'est pas lui qui va approvisionner directement le franchisé.

• De l'autre, le **franchisé**, qui bénéficie ainsi de l'apport commercial et technique du franchiseur, souvent même de la notoriété de la marque de ce dernier, a une obligation très rigoureuse quant au **respect des consignes données** (notamment quant à l'agencement des locaux et de la présentation des produits), quant aux sources d'approvisionnement (souvent ce sont des fournisseurs référencés). Il est tenu aussi d'une obligation de **collaboration** en vue d'améliorer le savoir-faire (dont le contenu fait l'objet d'une clause de confidentialité).

Il doit payer au franchiseur, outre un **droit d'entrée** (très fréquent), une **redevance** calculée sur le chiffre d'affaires réalisé.

On lui reconnaît une clientèle propre et l'existence d'un fonds de commerce (ce qui lui permet de bénéficier de la propriété commerciale). Vis-à-vis du client, il est tenu des obligations du vendeur.

• La **fin des relations** est identique à ce qui se passe entre concédant et concessionnaire (**pas de droit à indemnisation** pour le franchisé en cas de non-reconduite du contrat).

La **franchise industrielle** est, elle, à part car elle implique l'exploitation d'un brevet dont est propriétaire le franchiseur par un franchisé qui va fabriquer les produits selon les normes et sous le contrôle du premier. Les règles de la propriété industrielle sont alors applicables (CPI, art. L. 611-1 s.).

§ 5 – Considérations générales de droit international privé de la distribution

Le règlement Rome I (v. section 2) a largement simplifié cette question en mettant fin à des controverses au sujet de la détermination de la prestation caractéristique dans les contrats de distribution.

Les règles essentielles sont les suivantes.

• D'emblée rappelons que domine ici le **principe d'autonomie** qui permet de donner effet à la loi choisie par les parties. Ce choix figure très souvent dans les « **Conditions générales** » établies par le contractant pour régir ses relations avec ses fournisseurs ou ses clients. Si les deux parties utilisent des conditions générales qui se contredisent, notamment quant au choix de la loi applicable, on considère qu'elles se neutralisent (sauf si on peut prouver que l'une des parties a accepté de se soumettre aux conditions de l'autre) et la relation sera traitée comme si aucun choix de loi n'a été fait. Mais il n'est pas certain, sauf si la clause d'*electio juris* dit le contraire, que ce choix vaut pour les ventes conclues en application du contrat-cadre. Celles-ci sont soumises à leur propre loi.

• En l'absence de choix de loi, il faut se reporter au règlement Rome I pour ce qui est des quatre contrats vus, étant souligné que si des contrats de vente sont conclus en application de ces contrats-cadre et s'ils portent sur des marchandises, le texte de référence est alors la convention de La Haye du 15 juin 1955 (v. section 2). Les **articles 4-1, *e* pour le contrat de franchise et 4-2, *f*, pour le contrat de distribution** retiennent le même principe axé autour de la **localisation du fournisseur** : ces contrats sont régis par la loi du pays dans lequel le franchiseur ou le distributeur a sa résidence habituelle, étant précisé que la notion de distribution est à prendre au sens large et englobe la concession commerciale.

• Mais pour les **ventes conclues en application des contrats-cadre**, à défaut de choix exprès ou indubitable de loi, ces contrats sont régis par la **loi du pays où réside le vendeur** s'il s'agit de biens (art. 4-1, *a*), et, à défaut, la loi du pays de la **résidence du débiteur de la prestation caractéristique** (art. 4-2), règle dont la mise en œuvre peut être délicate en présence de prestations caractéristiques réciproques (auquel cas, il faut appliquer la loi qui entretient les liens les plus étroits avec le contrat – art. 4-4).

• La question reste à savoir si certaines dispositions françaises peuvent être tenues pour des **lois de police** qui s'appliqueraient quelle que soit la *lex contractus*, car le droit de la concurrence fourmille de dispositions impératives dans l'ordre interne. Spécialement, l'obligation précontractuelle d'information de l'article **L. 330-3** du Code de commerce ou l'obligation, en cas de rupture d'une relation commerciale préétablie, de respecter un préavis conforme à l'usage (**C. com., art. L. 442-6-1, 5ᵉ**) apparaissent devoir recevoir cette qualification et être respectées si la distribution a lieu sur le territoire français ou si la victime de la rupture brutale réside en France.

Chapitre 3
L'échange

Ancêtre de la vente (le troc a permis la circulation des biens tant que la monnaie n'existait pas), il a survécu à celle-ci. Le droit rural en connaît une utilisation régulière avec les remembrements pratiqués pour le réaménagement foncier (C. rur., art. L. 123-4). Il est même très actuel, dans les relations internationales, dans les opérations bancaires, telles les *swaps* (échanges de devises, ce qui permet de se garantir contre des fluctuations de cours), dans le commerce international avec les contrats de compensation ou de contre-achats (pour résoudre leur problème de paiement en devises internationales, les pays dont la monnaie n'est pas convertible s'acquittent du prix des biens achetés en offrant des produits fabriqués dans leur pays).

Le Code napoléon en a fait un contrat distinct (art. 1702), ce qui peut poser des difficultés de **qualification par rapport à la dation en paiement**. Il faut se référer à la volonté initiale des parties. Si la contrepartie en nature est prévue dès le départ, c'est un échange. Si le vendeur accepte à la place du prix convenu une chose, c'est une dation en paiement.

Toutefois, en cas de déséquilibre de valeur entre les deux biens échangés conduisant au paiement d'une **soulte** (dont le paiement est soumis au régime du paiement du prix en matière de vente), l'importance de celle-ci peut justifier une requalification en contrat de **vente** lorsqu'elle est *sensiblement* (selon la jurisprudence) **supérieure à la valeur** du bien reçu. Pour l'administration fiscale, c'est toujours une double vente, ce qui l'autorise à percevoir des droits pour deux mutations.

Tout en le soumettant pour l'essentiel au régime de la vente (art. 1707), dont le principe du consensualisme (art. 1703), l'échange s'en démarque pour quelques règles :

– le coéchangiste (« copermutant », art. 1704) qui offre en échange un bien immobilier ne pourra pas invoquer la rescision pour lésion de l'article 1674 ;

– les droits de préemption qu'il faut purger en cas vente n'ont pas lieu de l'être en cas d'échange (le préempteur est dans l'incapacité d'offrir la contrepartie en nature prévue) ;

– de façon plus générale, et fort logiquement, tout ce qui a trait au paiement du prix, modalités et garanties, se trouve exclu, hors ce qui concerne le paiement de la soulte ;

– en droit international privé, l'échange est le contrat type pour lequel la règle de principe posée à l'article 4-2 du règlement Rome I (la loi applicable au contrat, à défaut de choix, est celle du pays où le débiteur de la prestation caractéristique a sa résidence) ne peut être mise en œuvre ; il faut alors retenir le critère de la loi qui entretient les liens les plus étroits avec le contrat – art. 4-4).

Pour aller plus loin

Exemples de sujets d'examen

Dissertations

- La promesse de vente vaut-elle vente ?
- Promesse unilatérale et pacte de préférence
- Le prix dans la vente
- Obligation de délivrance et garantie des vices cachés : faut-il maintenir la distinction ?

Sujets d'oraux

- La distinction entre l'indemnité d'immobilisation, l'acompte, le dédit et la clause pénale
- La force obligatoire d'un pacte de préférence
- Le rachat de la lésion (ventes immobilières)
- La vente d'un bien indivis
- La vente à un euro symbolique
- La sécurité due à l'acquéreur d'une chose

Titre 2

Les contrats emportant le transfert de la jouissance de la chose

Le transfert de jouissance de la chose se démarque du transfert de sa propriété par son caractère nécessairement temporaire. Contrairement au transfert de la propriété de la chose, on n'en transfère pas la jouissance à titre définitif. Certes, la fiducie met à mal ce critère de distinction car elle organise tout à la fois un transfert temporaire de propriété et de jouissance sans pouvoir être assimilée ni à la vente ni au bail. Concept récemment introduit en droit français, c'est avant tout un contrat de services (v. 2e partie, titre 4).

En s'en tenant à une vision classique des contrats assurant la jouissance de la chose, on en retiendra deux pour la présente étude : le contrat de bail et le contrat de prêt.

Chapitre 1
Le bail

L'essentiel

En droit civil, le code consacre ses développements au ***droit commun du bail*** *applicable en l'absence ou en cas d'insuffisance d'une réglementation spécifique. Il s'applique ainsi pour la location de meubles corporels (location de voiture, de matériel de chantier...), de meubles incorporels (location-gérance d'un fonds de commerce, en partie réglée par des dispositions du Code de commerce), pour celles d'immeubles non régies par un statut spécial (location en meublé, baux professionnels non commerciaux...).*

Ce sont les statuts spéciaux néanmoins qui alimentent le plus souvent le contentieux : ***bail d'habitation****, qui a fait l'objet de plusieurs lois successives (dont celle du 6 juillet 1989),* ***baux commerciaux*** *(C. com., art. L. 145-1), pour citer les plus connus. Les baux à ferme (pour l'exploitation de terres rurales) relevant du Code rural et de la pêche maritime, ne seront toutefois pas étudiés dans cet ouvrage en raison de leurs particularités trop importantes.*

Il y a aussi de possibles combinaisons qui allient la mise à disposition et le transfert de la chose : le ***crédit-bail*** *en offre un exemple parfait où dans un premier temps le propriétaire, le crédit-bailleur, ne fait qu'en concéder la jouissance mais dans un second temps, et en application d'un engagement pris dès le départ (par le biais d'une promesse unilatérale de vente), il en transfère la propriété au crédit preneur. Toutefois, en réalité, derrière ce montage se dissimule souvent un objectif final d'acquisition différée d'un bien et le crédit-bail apporte une solution possible pour résoudre le problème de son financement.* ***C'est une variété sophistiquée de fourniture de fonds*** *: le crédit-bailleur est d'ailleurs un établissement de crédit. Il ne relève donc pas du présent chapitre mais du chapitre suivant (sur le prêt)*

Section 1 – Le droit commun du bail

Le bail est l'un des deux contrats de louage prévus à l'article 1708 du Code civil, le louage de choses, dont l'article 1709 précise qu'il est « *un contrat par lequel l'une des parties s'oblige à faire jouir l'autre d'une chose pendant un certain temps et moyennant un certain prix que celle-ci s'oblige de lui payer* ».

Le bail se distingue :

– **de l'usufruit** car le locataire – ou preneur – n'a pas de droit réel sur la chose mais une créance contre le bailleur ;

– **du dépôt** car le locataire a la jouissance de la chose contrairement au dépositaire ; la mise à disposition d'un coffre-fort par la banque se voit appliquer les règles du dépôt et non celles du louage car l'établissement exerce une surveillance sur les modalités d'utilisation des coffres mais la mise à disposition d'un emplacement de parking est un louage de choses si le propriétaire a exclu toute obligation de garde quant aux véhicules qui y sont garés (exclusion systématique soulignée dans les parkings ouverts au public) ;

– **du contrat d'hôtellerie** qui suppose des services annexes à la mise à disposition d'une chambre ; en revanche, la location d'un appartement meublé est un bail.

Plan : l'étude du droit commun du bail passe par la formation du contrat, puis ses effets et enfin, son extinction.

§ 1 – La formation du contrat de bail

C'est un **contrat consensuel** en droit commun (non dans les statuts spéciaux où l'écrit est exigé) et ses conditions de validité sont celles posées à l'article 1108 du Code civil : un consentement véritable et non vicié ; une cause réelle et licite ; un objet déterminé.

Le bail appelle des précisions particulières sur quelques questions de fond et de preuve.

I – Conditions de fond

A – Conditions quant aux parties

Considéré comme un **acte d'administration** (sauf les baux commerciaux et ruraux assimilés, en raison des droits qu'ils confèrent aux preneurs, à des actes de disposition), il ne nécessite pas en principe une capacité particulière. Mais il y a quelques règles spécifiques correspondant à cinq cas de figure.

1. Bail conclu par un usufruitier

Titulaire de l'***usus***, l'usufruitier a le pouvoir de **conclure seul un bail** s'il n'est pas commercial ou rural (il faut alors le concours du nu-propriétaire). Toutefois, **l'article 595** du Code civil restreint cette liberté pour les baux de plus de 9 ans qui ne sont opposables au nu-propriétaire que pour une période qui **ne saurait excéder 9 ans à compter de l'extinction de l'usufruit**.

2. Bail conclu par un époux

Si le bail porte sur le **logement familial**, il faut le **concours des deux époux,** quel que soit leur régime matrimonial car cela implique un changement du logement de la famille (C. civ., art. 215, al. 3). Dans les autres cas, si le bien est personnel (régime de séparation de biens) ou propre (régime de communauté), l'époux propriétaire peut le louer seul (même s'il servait de résidence secondaire pour la famille).

Si c'est un **bien commun**, le principe est que c'est un acte de gestion concurrente (C. civ., art. 1421) mais l'article 1425 du Code civil renvoie aux règles applicables aux **baux conclus par l'usufruitier** (C. civ., art. 595). Toutefois, le bail commercial et le bail rural relèvent quant à eux de la cogestion : les deux époux doivent intervenir à l'acte (*ibid.*).

Si c'est un **bien indivis** (bien acquis par les deux époux séparés de biens), **les époux doivent consentir ensemble** le bail (car la règle de la majorité des deux tiers pour les actes de gestion – C. civ., art. 815-3 – est inapplicable *de facto* lorsqu'il n'y a que deux coindivisaires).

3. Bail de la chose indivise

Il peut relever du pouvoir du gérant si une convention d'indivision (C. civ., art. 1873-1) a été conclue entre coindivisaires. La convention doit préciser l'étendue de ses pouvoirs qui, sinon, sont limités à l'administration de l'indivision (C. civ., art. 1873-6), ce qui exclut alors la possibilité de conclure seul des baux commerciaux ou ruraux.

La règle de la **majorité des deux tiers** de l'article 815-3 du Code civil pour conclure un bail (acte d'administration), autre que le bail commercial ou rural, peut trouver ici à s'appliquer si l'indivision concerne au moins trois indivisaires. La **sanction** de la méconnaissance de cette règle de majorité qualifiée est l'**inopposabilité du bail aux coindivisaires qui n'y ont pas consenti** (ils peuvent agir en expulsion du locataire et le bailleur coindivisaire engage, bien sûr, sa responsabilité contractuelle vis-à-vis du locataire expulsé), mais **le bail est valable *inter partes*** (aucune d'elles ne peut se prévaloir du défaut de pleine propriété du bailleur pour échapper à ses obligations).

Si mandat a été donné par les indivisaires pour conclure un bail commercial ou rural, ce mandat est nécessairement spécial et exprès.

4. Bail de la chose d'autrui (bailleur non-propriétaire du bien)

Les solutions sont similaires : **le bail est valable entre les parties mais inopposable au véritable propriétaire qui peut agir en revendication** (sauf, pour le locataire, à pouvoir invoquer à son profit la théorie de l'apparence).

5. Bail d'un bien d'un incapable

Si l'incapacité résulte du seul fait de l'âge, chacun des parents est réputé, à l'égard des tiers, avoir le pouvoir de conclure seul un bail sur les biens de son enfant (C. civ., art. 389-4).

Si l'incapacité a une autre cause et conduit à l'ouverture d'une **tutelle**, selon l'article 504, « *le* **tuteur accomplit seul**... *les actes d'administration nécessaires à la gestion du patrimoine de la personne protégée* », sauf disposition contraire dans le jugement d'ouverture de la tutelle (C. civ., art. 473, al. 2), mais de tels baux ne « *confèrent au preneur, à l'encontre de la personne protégée devenue capable,* **aucun droit au renouvellement et aucun droit à se maintenir dans les lieux** *à l'expiration du bail* ».

B - Conditions quant à la durée

Si aucune durée n'y est précisée, le bail est à **durée indéterminée** et peut donc être **résilié** (par un congé) **à tout moment** sous réserve du respect d'un délai de préavis : celui qui a été stipulé ; à défaut, il faut observer « *les délais fixés par l'usage des lieux* » (C. civ., art. 1736).

Mais la durée est par principe, et avant tout, en droit commun, celle stipulée au bail, à condition que la durée choisie ne puisse pas être assimilée à une durée perpétuelle :

– ce qui est le cas si le terme dépend de la volonté d'une seule des parties ;

– ou si le **bail excède 99 ans** (durée supposée, sans aucune véritable assise physiologique, de la vie d'une personne physique), auquel cas il encourt une **nullité absolue ;** pour les personnes physiques, relevons qu'il peut être stipulé pour la vie de l'une des parties, voire de celle-ci et de ses enfants (au-delà, il tomberait sous le coup de la prohibition des pactes perpétuels).

C - Conditions quant au prix (loyer)

Celui-ci doit, à peine de nullité en principe (la possibilité pour le juge de se substituer aux parties reste incertaine en jurisprudence), être fixé dans le bail et être **déterminé ou déterminable**. À défaut de stipulation d'un loyer, le contrat peut toutefois être requalifié en prêt à usage à titre gratuit (v. chap. 2).

Contrairement aux contrôles (*a priori*, par encadrement et plafonnement des loyers, ou *a posteriori* sous l'égide d'un juge) qui existent dans les statuts spéciaux, le principe de la **liberté pour sa fixation** est de rigueur en droit commun. Il peut faire l'objet d'une **indexation** qui devra répondre aux exigences des articles L. 112-1 et L. 112-2 du Code monétaire et financier (notamment relation avec l'activité de l'une des parties ou l'objet du contrat, outre l'interdiction de retenir l'indice « loyers et charges »).

II - Conditions de preuve

Elles ne se posent que pour le **verbal**.

Le Code civil distingue deux questions :

– la **preuve du bail** diffère suivant qu'il n'y a **pas eu un commencement d'exécution, auquel cas la preuve ne peut pas être rapportée par témoins**, quel que soit le montant du loyer, mais uniquement par serment (C. civ., art. 1715), ou qu'**il y en a eu un, la preuve devient alors libre** (par témoins ou par présomptions) ;

– la preuve du **montant du loyer**, s'il y a contestation et si l'exécution du bail a commencé, peut être rapportée **sur serment conféré au bailleur**, le locataire pouvant demander l'**estimation par experts** (C. civ., art. 1716).

§ 2 - Les effets du bail

Les effets du bail concernent avant tout les rapports entre les parties – bailleur et preneur. Mais le bail peut également concerner des tiers.

I - Les obligations du bailleur

L'article 1719 en énumère **quatre** mais la quatrième (obligation d'assurer la permanence et la qualité des plantations) ne concerne que le bail rural et ne sera pas examinée ici.

A - L'obligation de délivrance

La délivrance de la chose et de ses accessoires (ceux qui s'imposent pour l'usage de la chose, sinon ceux qui sont précisés comme tels au contrat) suppose **une mise à disposition « en bon état de réparations de toute espèce »** (art. 1720).

Ce bon état est présumé (art. 1731) et, pour ce qui est des locations immobilières, la pratique de l'**état des lieux** au moment de l'entrée dans les lieux du locataire permet de régler toute difficulté : le locataire n'aura pas à effectuer des réparations qui ont fait l'objet de réserves même si elles lui incombaient de par leur nature. Notons d'emblée que si le bien loué est l'**habitation principale du locataire**, le logement doit répondre aux critères de **logement décent** précisés par le décret n° 2002-120 du 30 janvier 2002 (v. *infra*, statuts spéciaux). De plus, le bailleur ayant une obligation de mise à disposition d'une chose ne peut louer un bien dont l'état ne permettrait en aucun cas sa jouissance.

Pour la location d'une chose corporelle, le bon état doit être vérifié lors de l'examen de celles-ci au moment de la prise en possession, sous réserve de l'incidence de l'obligation renforcée du loueur professionnel de choses dangereuses (tels les véhicules automobiles) qui ne peut s'en exonérer en se prévalant de l'examen de la chose par le locataire.

B – L'obligation d'entretien

L'article 1720 se borne à poser le principe que le **bailleur est tenu des réparations « autres que locatives »**, ce qui oblige donc à se reporter à l'article 1754 qui définit les réparations locatives pour en déduire celles qui sont à la charge du bailleur.

De toute façon, cet article n'est **pas d'ordre public** et en droit commun du bail, les clauses allégeant les obligations de réparations du bailleur sont licites (référence par exemple aux articles 605 et 606 pour les limiter aux seules grosses réparations incombant au nu-propriétaire) dès lors qu'elles ne dispensent pas le bailleur de toute réparation (il doit assurer au minimum la mise à disposition de la chose louée).

Si le bailleur n'effectue pas les réparations qui lui incombent, le locataire a le droit de retenir les loyers (exception d'inexécution) si (et uniquement si) le défaut d'entretien rend les lieux loués inutilisables au regard de leur usage prévu au bail.

C – L'obligation de garantie

Elle porte sur la jouissance paisible des lieux selon l'article 1719 mais elle se dédouble en fait.

• Le bailleur doit la **garantie d'éviction** de son fait personnel comme du fait du tiers.

– La première suppose qu'il **ne trouble ni ne perturbe la jouissance** du bien par son locataire. Mais s'il doit y exécuter des travaux qui ne peuvent être différés, le locataire « doit les souffrir », sauf à pouvoir demander une diminution du loyer s'ils durent plus de quarante jours, voire à demander la résiliation du bail si le bien est rendu inhabitable (art. 1724). Il ne peut en aucun cas transformer les lieux loués (sauf dans le cadre de l'amélioration de l'habitabilité du logement).

– La seconde ne concerne **que les troubles de droit** (exemple d'un tiers qui revendique la propriété du bien et veut faire expulser le locataire), les troubles de fait (dégâts des eaux, nuisances sonores...) restant l'affaire du locataire (art. 1725) à condition qu'il s'agisse de véritables tiers (ce qui n'est pas le cas des autres locataires du même bailleur).

• Il doit la **garantie de « tous les vices ou défauts** *de la chose louée qui en empêchent l'usage, quand bien même le bailleur ne les aurait pas connus lors du bail* » (art. 1721). Cela couvre les vices antérieurs ou postérieurs à la vente.

Cette garantie n'est pas d'ordre public et en droit commun (ce qui exclut un rapport professionnel/consommateur, auquel cas une telle clause serait abusive et donc réputée non écrite – C. consom., art. L. 132-1), un bailleur peut valablement (sauf dol ou faute lourde de sa part) s'exonérer de toute garantie des vices de la chose à condition de ne pas vider de sa substance son obligation essentielle de mettre une chose à la disposition de son locataire.

La jurisprudence y adjoint l'obligation de sécurité de l'article 1386-1 qui obéit alors au régime spécifiquement prévu (v. *supra*, Vente, obligations du vendeur).

II - Les obligations du preneur

Les obligations qui pèsent sur tous les cotitulaires du bail, souscripteurs du bail ou réputés tels (l'art. 1751 C. civ. pose un principe de cotitularité de plein droit pour les époux, ou les partenaires d'un Pacs qui en font la demande si le bien sert à l'habitation du couple) sont, selon l'article 1728 du Code civil, au nombre de deux principalement, l'**usage** de la chose en bon père de famille et payer le **loyer,** auxquelles il faut ajouter celle de restitution de la chose et une responsabilité particulière en cas d'incendie du bien loué.

A - L'usage de la chose en bon père de famille

Cet usage s'apprécie « *suivant la destination qui lui a été donnée par le bail ou suivant celle présumée par les circonstances* » (art. 1728, 1°).

Cela implique :

– que le **locataire réponde des dégradations** intervenues après son entrée dans les lieux, qu'il assume les réparations locatives (v. art. 1754) et qu'il ne modifie pas la chose louée ;

– que le **locataire respecte l'usage prévu** de l'utilisation des lieux (pas d'activité professionnelle s'il est spécifié que c'est un usage exclusivement d'habitation, pas d'activité commerciale s'il est seulement prévu l'exercice d'activités libérales), sauf impératifs supérieurs contraires (impossibilité, au nom du respect de la vie privée, de restreindre par exemple le droit d'héberger un membre de sa famille), cet usage pouvant être aussi défini, le cas échéant, dans le règlement de copropriété.

B - Le paiement des loyers

Le bail précise en général la périodicité (mensuelle, trimestrielle ou annuelle) et le lieu de paiement. Si ce dernier n'est pas précisé (pas de domiciliation bancaire par exemple), le principe est celui de la **quérabilité** de la dette (art. 1247, al. 3) : le loyer est payable au domicile du débiteur. Le bailleur doit délivrer une quittance si le locataire lui en fait la demande (art. 1716, implicitement).

Le locataire doit également payer les **accessoires** du loyer (charges locatives).

En garantie du paiement du loyer (ainsi d'ailleurs que des réparations locatives), le locataire se verra souvent demander un **dépôt de garantie** (« chèque de caution » selon le langage courant), voire un véritable cautionnement. Le bailleur dispose par ailleurs d'un **privilège spécial mobilier** grevant les meubles garnissant les lieux loués (art. 2332, 1° ; d'où l'art. 1752, obligation pour le locataire de garnir la « *maison* » de meubles suffisants).

De plus, le non-paiement du loyer est l'événement par excellence qui justifiera la mise en œuvre de la clause résolutoire (clause de style dans les baux).

C - La restitution de la chose louée

Cette restitution se fait dans l'état dans lequel se trouvait la chose à l'entrée dans lieux : celui constaté par l'état des lieux ou, à défaut d'état des lieux initial, le preneur est présumé les avoir reçus en bon état (C. civ., art. 1731).

Pour les baux de droit commun portant sur un immeuble, il convient de relever que toute amélioration, construction ou plantation effectuée par le locataire ne lui donne pas droit nécessairement à indemnisation : cela dépend de ce qu'ont prévu les parties dans le bail. À défaut de stipulations sur ce point, le bailleur se voit offrir le choix, comme le prévoit l'article 555 (construction sur le terrain d'autrui), entre conserver ce qui a été ajouté moyennant indemnisation ou demander l'enlèvement aux frais du locataire.

D – Responsabilité en cas d'incendie du bien loué

Deux hypothèses sont à envisager.

• Soit il y a un **seul locataire**.

L'article 1733 ne lui permet de se dégager de la responsabilité qui pèse sur lui qu'en prouvant le cas fortuit, la force majeure ou le vice de construction ou en établissant que l'incendie a été communiqué par une maison voisine.

Cette lourde responsabilité, qui ne tombe pas devant la preuve de l'absence de faute, doit inciter les locataires à s'assurer même en droit commun (le droit spécial des baux d'habitation est très rigoureux sur ce point ; v. *infra*).

La présomption de responsabilité ne joue plus si le bailleur occupe lui-même une partie de lieux.

• Soit il y a **plusieurs locataires du même bailleur**.

Chacun est alors responsable à hauteur de la valeur locative du bien qu'il loue (art. 1734).

Deux types de causes d'exonération pour le locataire sont possibles : la force majeure ; la preuve que l'incendie n'a pu commencer chez lui ou que l'incendie a pris naissance chez un autre.

III – La circulation du bail

Les parties au bail peuvent changer, côté bailleur, côté preneur.

A – Changement du bailleur

C'est tout d'abord par effet de la **vente du bien loué**, lorsqu'elle ne s'accompagne pas d'un congé délivré au preneur. Le bail est opposable à l'acquéreur (art. 1743) : il suffit de l'en informer. Il y a donc cession forcée du bail dès lors que l'acquéreur a pu en avoir connaissance (la dissimulation de l'existence d'un bail pourrait emporter la nullité pour dol de la vente). Mais en droit commun, la règle n'est pas d'ordre public et le bail peut prévoir que la vente emportera résiliation du bail.

Le **décès du bailleur**, qui ne met pas fin au bail (art. 1742), **rend opposable à ses héritiers** le contrat en cours et ceux-ci seront tenus des obligations que leur auteur avait envers son locataire jusqu'au terme du bail ou, si celui-ci est à durée indéterminée, jusqu'à ce qu'ils y mettent fin (moyennant le respect d'un préavis, celui prévu au contrat ou selon les usages).

B – Changement du locataire

• Comme pour le bailleur, le **décès du locataire n'emporte pas résiliation** du bail et ses héritiers devront donc penser à donner congé ou à résilier le bail pour ne plus être tenus des loyers.

• Par ailleurs, l'article 1717 affirme le **droit pour le locataire de céder ou de sous-louer** son bail si celui-ci ne contient pas de clause le lui interdisant. Des formalités seront parfois imposées par le bail et devront être respectées (sous peine d'encourir la résiliation du contrat).

• **La cession du bail** (qui suppose remplies les formalités de l'article 1690). C'est en général une **véritable vente** et les obligations des parties sont celles d'un vendeur et d'un acquéreur (quant à la délivrance de la chose, quant aux garanties…). Ce peut être un apport en société, voire une donation (le régime sera alors celui de contrat dont la qualification sera retenue).

Une fois le transfert de propriété intervenu, le rapport initial entre le cédant (locataire originaire) et le bailleur disparaît, sauf clause (imposé par le bailleur) du maintien d'une solidarité (qui ne vaut que pour le contrat en cours ou qui doit être limitée dans le temps si le bail est à durée indéterminée) entre cédant et cessionnaire vis-à-vis du bailleur.

Le cessionnaire acquiert les créances que le cédant pouvait avoir contre le bailleur.

• **La sous-location.** C'est un **bail entre le locataire principal et le sous-locataire**. Le premier assume vis-à-vis du second toutes les obligations d'un bailleur.

Elle ne crée pas en revanche de lien de droit entre le sous-locataire et le bailleur/propriétaire du bien. L'article 1753 rend cependant le premier redevable à l'égard du second des loyers dus par le locataire principal à hauteur du « *prix de sa sous-location* ».

§ 3 – L'extinction du bail

• Les **causes de résiliation normales** du bail sont :

– lorsqu'il est à **durée déterminée,** l'**arrivée du terme** qui met fin aux relations des parties sans avoir à effectuer une quelconque formalité ;

– lorsqu'il est à **durée indéterminée, la résiliation du bail (délivrance d'un congé)** par l'une ou l'autre partie suppose, en droit commun, seulement le respect d'un préavis mais elle est très encadrée dans les statuts spéciaux (cf. *infra*).

• Les causes **particulières** d'extinction du bail sont :

– la **perte** de la chose louée,
– l'**inexécution fautive** (art. 1741).

I – La perte de la chose

L'article 1722 envisage le cas de détérioration de la chose par cas fortuit :

– la destruction **totale** emporte **résiliation** de plein droit du bail ; aucune clause ne peut imposer au locataire de continuer à payer les loyers (dans un rapport entre un bailleur professionnel et un preneur consommateur, c'est une clause irréfragablement abusive – C. consom., art. R. 132-1, 5°), ni au bailleur de devoir reconstruire ;

– la destruction **partielle** autorise le locataire à demander, « *suivant les circonstances* », **soit une diminution du loyer, soit la résiliation du bail**, mais non des dommages-intérêts.

II – La résiliation pour faute

• L'inexécution fautive conduit à la résiliation (effets pour l'avenir) du bail :

– elle peut être **judiciaire** (art. 1184) ; le juge apprécie la gravité de la faute alléguée ;

– elle peut résulter d'une **clause résolutoire** insérée au contrat emportant résiliation de plein droit qui peut être constatée même par le juge des référés ; la bonne foi de la partie qui n'a pas exécuté son obligation ne peut empêcher l'acquisition de la clause et seuls des délais de grâce (art. 1241) peuvent lui être accordés ; la clause doit toutefois être invoquée de bonne foi par le créancier (en général, le bailleur, qui ne doit pas ainsi tergiverser trop longtemps sous peine d'être réputé avoir renoncé au bénéfice de la clause).

• L'inexécution fautive peut justifier aussi l'**allocation de dommages-intérêts** (fixés par le juge ou précisés dans une clause pénale).

Section 2 – Les statuts spéciaux

Parmi les statuts spéciaux concernant le bail, on en retiendra trois : les baux d'habitation, les baux commerciaux et la location-gérance. Ne seront en conséquence pas étudiés dans cet ouvrage, en raison de leur profond particularisme, le bail rural soumis aux dispositions du Code rural et de la pêche maritime (C. rur., art. L. 411-1 s.) qui assure un statut très protecteur du preneur (le fermier, qui ne peut être évincé de son outil de travail) ni le bail à construction, bail d'une durée certaine (entre 18 et 99 ans), en vue de la construction d'immeubles par une personne non propriétaire du terrain qui va les exploiter comme un véritable propriétaire – elle dispose d'un droit réel temporaire).

§ 1 – Le bail d'habitation

Pour organiser ce statut spécial, trois lois (1er septembre 1948, 22 juin 1982 et 23 décembre 1986) ont précédé la **loi du 6 juillet 1989, remaniée par la loi du 24 mars 2014** (loi ALUR – pour l'accès au logement et un urbanisme rénové), dont les dispositions s'appliquent à toutes les locations à usage d'habitation principale ou mixte et leurs locaux annexes (garage, place de stationnement, jardin). Cela exclut, aux termes de l'article 2 de la loi, les résidences secondaires (soumises au droit commun), les locations saisonnières (*idem*), les locations en meublés (CCH, art. L. 632-1 à L. 632-3, posant un rudiment de réglementation), les logements foyers (CCH, art. L. 633-1 s.) et les logements attribués en raison d'un emploi (très peu réglementés, art. 56-A, loi du 23 déc. 1986, se bornant à poser l'exigence d'un écrit, une durée minimale de six ans, une tacite reconduction sauf congé donné six mois avant le terme).

La location peut être imposée au propriétaire d'un bien vacant sur réquisition de l'autorité publique pour loger les plus démunis (CCH, art. L. 641-1 s.) : c'est alors un **bail forcé**.

Les règles posées par la loi du 6 juillet 1989 sont d'**ordre public** (art. 2).

Ce caractère impératif conduit, en **droit international privé**, à laisser à la loi choisie par les parties, si ce n'est pas la loi française, peu de place si le bien loué est en France (quand bien même les parties seraient de même nationalité étrangère et auraient conclu le bail dans leur pays d'origine) car nombre des dispositions peuvent être tenues pour des lois de police au sens de l'article 9 du règlement Rome I (obligation pour le juge de les faire respecter), outre le fait que tout ce qui relève de la forme doit aussi être conforme aux dispositions impératives du lieu de situation du bien (art. 11-5, règlement Rome I).

La loi du 6 juillet 1989 constitue le régime actuel :
– quant à la conclusion et la durée du bail ;
– quant aux obligations des parties ;
– quant à la fixation du loyer ;
– quant à la résiliation du bail.

I - La conclusion du bail

A - Un écrit nécessairement (art. 3)

Cet écrit, qui peut être exigé à tout moment par l'une ou l'autre partie, doit respecter le contrat-type (très détaillé) du décret 2015-587 du 29 mai 2015 (annexe 2).

Mentions. Il doit préciser notamment :

– la **durée** du bail (au moins, pour un bail « normal », 3 ans ou 6 ans suivant que le bailleur est une personne physique ou une SCI « familiale » – sauf pour un événement visé au bail qui justifierait une durée plus courte – 1 an minimum, art. 11 –, ou une personne morale ; pour un bail en meublé 1 an minimum et pour un bail à un étudiant 9 mois au moins) ;

– la **consistance** et la **destination** des lieux loués ;

– le **montant des loyers ;**

– Les conditions d'accès aux technologies de l'information et de la communication ;

– le **dépôt de garantie** s'il est prévu (1 mois de loyer maximum – art. 22 –, mais ce peut être un cautionnement – art. 22-1 –, voire une garantie autonome – 22-1-1) ; cette garantie peut être relayée, en cas d'insolvabilité du locataire, par l'intervention d'une « garantie universelle des loyers » gérée par une agence publique et alimentée par des fonds de solidarité et publics (art. 24-2).

L'article 4 énumère les **clauses réputées non écrites** (obligation de souscrire une assurance auprès de la compagnie choisie par le bailleur, d'effectuer le paiement par prélèvement automatique…).

Protecteur des droits du locataire, l'article 3 précise que le bailleur, quant à lui, ne peut se prévaloir de la violation de ces dispositions.

B - Un état des lieux

Il doit être dressé :
– soit par les parties contradictoirement,
– soit par exploit d'huissier (les frais sont alors partagés).

La présomption du bon état du bien loué (art. 1731) ne peut être invoquée par la partie qui a fait obstacle à l'établissement d'un état des lieux.

C – La communication d'informations diverses (art. 3-2)

• Obligation pour le bailleur de fournir le **dossier de diagnostic technique** (art. 3-3 ; sur la notion, CCH, art. L. 271-4) portant sur les risques de présence de plomb ou d'amiante, le diagnostic électricité et gaz, sur la performance énergétique, sur les risques naturels et technologiques.

• Obligation pour le bailleur d'informer le locataire des conditions d'accès aux technologies de l'information et de la communication (mention écrite obligatoire, v. *supra*, A).

II – Obligations des parties

L'article 7-1 de la loi du 6 juillet 1989 (inséré par la loi ALUR) édicte une **prescription de 3 ans** pour toute action concernant un contrat de bail (sauf pour ce qui est de l'action du bailleur en révision des loyers qui est soumise à une prescription annale).

A – Obligations du bailleur

Elles sont définies aux articles 6 et 6-1 et comportent :

– celle de fournir un **logement décent**, principalement un clos et couvert satisfaisant, des dispositifs de sécurité en bon état et respectant des normes de sécurité tenant à la protection de la personne et de sa santé (v. art. 2, Décr. 30 janvier 2002),

– celle de délivrer un logement en **bon état** d'usage et de réparation ; le bail peut stipuler que certains travaux (qui ne peuvent être ceux nécessaires pour rendre le logement décent, une telle clause étant alors prohibée) seront exécutés par le locataire et doit alors prévoir les modalités d'imputation de leur coût sur les loyers ;

– assurer la **jouissance paisible** du bien ;

– assurer toutes les **réparations autres que locatives** ;

– **accepter les aménagements** réalisés par son locataire s'ils ne transforment pas la chose louée ;

– et **faire cesser les troubles de voisinag**e causés par l'occupant à des tiers.

B – Obligations du locataire

Ce locataire peut être multiple : hormis la cotitularité du bail entre époux ou partenaires de Pacs (v. *supra*), la **colocation** a été consacrée par la loi ALUR à l'article 8-1, que ce soit une colocation avec bail unique ou une colocation avec une pluralité de baux. Il s'agit de régler notamment les questions de solidarité entre co-preneurs, des modalités de paiement du loyer et des charges, de l'opposabilité à tous du congé délivré à un seul.

Les articles 7 et 8 reprennent par ailleurs pour une bonne part les obligations de droit commun.

On retrouve :

– l'obligation de payer les **loyers et charges locatives** (énumérées à l'annexe Décr. n° 2008-1411 du 19 décembre 2008) ; pour leur paiement le locataire peut obtenir un **délai de grâce** allant jusqu'à **3 ans** (C. pr. exéc., art. L. 412-4)

– celle d'**user** du logement **conformément à sa destination (**celle précisée dans le bail**)** ;

– celle de **répondre des dégradations** survenues pendant l'occupation sauf cas de force majeure, fait du bailleur ou d'un tiers ;

– celle d'assumer les **réparations locatives** (énumérées à l'annexe Décr. n° 87-712 du 26 août 1987) ;

– celle de **supporter les travaux d'amélioration** dans le bien loué ou dans les parties communes ;

– celle de ne **pas transformer** les lieux loués **sans l'accord écrit** du bailleur ;

– celle de **s'assurer** contre les risques locatifs ;

– dérogeant au droit commun, celle de ne **pas céder ni sous-louer sans l'accord écrit** du bailleur.

La **clause résolutoire** insérée dans le bail **ne peut viser que quatre types de manquements :** le non-paiement des loyers, des charges, du dépôt de garantie, de la non-souscription d'une assurance pour les risques locatifs ou une jouissance des lieux causant des troubles de voisinage à des tiers et constatés judiciairement (art. 4, g).

III – La fixation du loyer

Elle doit correspondre au « **prix** » **du marché** et dans cette optique, ont été créés, au niveau des départements, des observatoires des loyers agréés, chargés de centraliser les informations et de lancer une procédure d'alerte (qui donne lieu, si besoin est, à un décret en Conseil d'État pour imposer un plafonnement) en cas de dérapage (art. 16). Pour les communes de plus de 50 000 habitants où il existe un déséquilibre marqué entre l'offre et la demande, est institué (depuis la loi ALUR) un « **loyer médian** » fixé **par arrêté** d'après les données des observatoires des loyers et en fonction de la catégorie de logement et de la situation géographie, pouvant, selon les circonstances, être majoré (de 20 % au plus du loyer médian) ou minoré (pas plus de 30 % en deçà du loyer médian) pour servir de référence au loyer exigé par le bailleur.

Cela étant précisé, il faut distinguer deux hypothèses.

A – La fixation du loyer initial

Le prix du loyer initial est en principe libre (art. 17-III).

Mais dans les zones où un arrêté a été pris, le loyer médian (prix au m² de surface habitable) sert de plafond (ou de plancher s'il est minoré) à l'intérieur duquel le bailleur peut fixer « librement » (selon l'art. 17-II-A) le loyer et si le bailleur ne respecte pas cette obligation, le locataire peut engager une action en diminution de loyer.

Un complément de loyer (art. 17-II-B) peut être appliqué pour ces logements au regard de caractéristiques et de confort par rapport aux logements de même catégorie et ses justifications doivent être mentionnées dans le contrat de bail (modalités précisées par le décret 2015-650 du 10 juin 2015 : caractéristiques non prises en compte pour la fixation du loyer médian de référence, déterminantes pour la fixation du loyer et ne donnant pas lieu à récupération par le bailleur au titre des charges). Le loyer peut être indexé (selon les règles de l'article L. 112-2 C. mon. fin., indice en relation avec l'objet du contrat ou l'activité de l'une des parties) mais la variation ne peut excéder à la hausse la variation de l'indice de référence des loyers de l'INSEE.

B – La fixation du bail renouvelé

On retrouve la même distinction suivant que le loyer échappe à l'encadrement réglementaire ou qu'il s'agit de communes de plus de 50 000 habitants et où un arrêté a été pris.

1. Loyer non encadré

– Le renouvellement du bail ne doit **aucun droit à une augmentation** du loyer hors le jeu normal de l'indexation choisie, **sauf** si le loyer est **manifestement sous-évalué** (art. 17-2, II).

La procédure (art. 17-c) est la suivante :

– le bailleur fait une proposition (sans pouvoir alors donner congé) six mois au moins avant la fin du bail d'un nouveau montant, par référence aux loyers constatés dans le voisinage et pratiqués pour des logements comparables ;

– le locataire, en cas de désaccord, a quatre mois avant la fin du bail pour saisir la commission de conciliation ;

– si la conciliation échoue, le juge doit être saisi avant le terme du bail qui, sinon, est reconduit aux conditions initiales ;

– si l'augmentation du loyer est acceptée ou fixée judiciairement et qu'elle est supérieure à 10 %, elle sera répartie par tiers ou par sixième (suivant la durée du bail antérieur) chaque année.

2. Loyer « encadré »

La procédure est détaillée à l'article 17-2, I :

– si, au moment du renouvellement, le loyer est supérieur au loyer médian majoré, une action en diminution est offerte au locataire ; s'il est inférieur au loyer médian minoré, c'est une action en augmentation qui est possible de la part du bailleur ;

– le bailleur doit faire sa proposition six mois avant l'expiration du bail (il ne peut alors donner congé), ce délai étant réduit à 5 mois pour le locataire, eu égard aux loyers de référence représentatifs de l'ensemble des loyers pratiqués dans des situations comparables ;

– en cas de désaccord, on retombe dans la procédure décrite ci-dessus.

IV – La résiliation du bail

Cas. Elle n'intervient :

– ni par la mort de l'une ou l'autre partie ; le décès du locataire, tout comme l'abandon du domicile par lui, emporte continuation du bail au profit du conjoint (cotitulaire du bail de toute façon – art. 1751), partenaire dans le cadre d'un PACS, concubin notoire ou descendants ou ascendants vivant avec lui depuis au moins un an (art. 14) ;

– ni par l'arrivée du terme (sauf hypothèse de l'art. 11 – bail de courte durée pour cause justifiée) car le principe est une **reconduction tacite** pour trois ans (que le bailleur soit une personne physique ou une personne morale).

Hormis les cas de résiliation pour faute, il faut donc un acte volontaire : **le congé,** qui s'effectue sous la forme d'un recommandé avec avis de réception (forme imposée aussi au locataire), par exploit d'huissier, voire une remise en main propre contre récépissé ou émargement.

A – Le congé donné par le locataire

Il peut intervenir à tout moment durant le bail et sans motif, moyennant le respect d'un **préavis de trois mois**.

Il n'est toutefois que d'un mois si le logement se situe dans une commune de plus de 50 000 habitants où est intervenu un arrêté d'encadrement des loyers, s'il est justifié pour des raisons professionnelles (1er emploi, perte d'emploi, mutation), pour les locataires contraints de changer de domicile pour des raisons de santé ou pour les bénéficiaires du RSA ou de l'allocation adulte handicapé, pour les locataires bénéficiant de l'aide personnalisée au logement (CCH, art. L. 351-2).

B - Le congé donné par le bailleur

Il est très encadré (L. 6 juill. 1989, art. 15) :

– il ne peut intervenir qu'en fin de bail ;

– il doit être délivré six mois au moins avant la fin du bail ;

– il doit être motivé et être justifié soit par une décision de vendre (auquel cas le locataire bénéficie d'un droit de préemption et peut se porter acquéreur du bien, v. *supra*) ou de le reprendre (pour lui son conjoint, partenaire d'un PACS, concubin notoire, ascendants ou descendants), soit pour un motif légitime et sérieux (manquements du locataire à ses obligations, immeuble sous le coup d'une mesure d'expropriation ou frappé d'insalubrité). Si le bien a été acheté occupé, le nouveau propriétaire ne peut donner congé pour vendre qu'au terme du premier renouvellement du bail en cours et ne peut exercer son droit de reprise qu'au terme du bail en cours et doit attendre au moins deux ans si le bail en cours expire moins de deux ans à compter de l'acquisition.

Tout **congé irrégulier est nul**, de sorte que le bail sera reconduit automatiquement pour une période de trois ans si le bailleur est une personne physique ou une SCI « familiale », de six ans pour les bailleurs personnes morales (art. 10).

§ 2 - Le bail commercial

Il confère au preneur, commerçant en principe (d'autres personnes se sont vues octroyer le bénéfice du statut), des droits si importants qu'il est souvent assimilé, en droit civil, à un acte de disposition (pour les pouvoirs de l'usufruitier, pour ceux du tuteur, pour les époux communs en biens...).

Ces droits, englobés dans l'expression fréquemment utilisée de « propriété commerciale » et faisant l'objet d'une réglementation très encadrée et impérative dans le Code de commerce, concernent la durée du bail et son renouvellement, les règles concernant la fixation du loyer et la disposition du droit au bail. **L'article 145-15 du Code de commerce répute non écrite toute clause qui tendrait à faire échec aux avantages reconnus au preneur** par ce statut et en droit international privé, lorsque les murs loués sont situés en France, les parties ne pourront y échapper (lois de police pour le juge français – art. 9-2, règlement Rome I) même si elles choisissent une loi étrangère à titre de *lex contractus*.

Échappent à la réglementation précisée aux articles L.-145-1 s. du Code de commerce (modifiée en dernier lieu par la loi du 18 juin 2014, dite loi Pinel), bien qu'ils soient conclus pour l'exercice d'une activité commerciale :

– les baux dérogatoires qui ne doivent pas dépasser les trois ans, qu'il y ait un seul bail ou plusieurs baux ; dès que la durée de trois ans est expirée et si le locataire est laissé en place, au bout d'un mois la réglementation impérative s'applique (C. com., art. L. 145-5) ;

– la location à caractère saisonnier (*ibid.*) ;

– la convention d'occupation précaire « qui se caractérise, quelle que soit sa durée, par le fait que l'occupation des lieux n'est autorisée qu'à raison de circonstances particulières indépendantes de la seule volonté des parties » (C. com., art. L. 145-5-1).

I – La durée du bail et son renouvellement

À l'entrée en possession par le preneur des locaux, un état des lieux est établi contradictoirement et amiablement par le bailleur et le locataire ou par un tiers mandaté par eux ; à défaut, il est établi par un huissier et aux frais partagés entre le bailleur et le locataire (C. com., art. L. 145-40).

A – La durée initiale du bail

Le bail commercial est conclu pendant une période minimale de neuf ans (art. L. 145-4).

S'il est d'une durée supérieure à douze ans, sa publicité devient obligatoire (art. 28, 1°, *b*, Décr. 4 janv. 1955) et cela emporte le déplafonnement du loyer (v. *infra*).

Le preneur, quant à lui, peut le résilier tous les trois ans (par lettre recommandée avec AR ou par exploit d'huissier). Toute clause du bail selon laquelle il renoncerait à cette faculté de résiliation triennale est réputée non écrite (C. com., art. L. 145-5).

B – Le renouvellement du bail

Conditions :

• **Indemnité d'éviction.** Le bailleur qui veut récupérer son bien en fin de bail ne peut le faire à l'encontre du preneur, vis-à-vis duquel aucune faute ne peut être retenue, que moyennant une contrepartie financière, l'indemnité d'éviction.

• Le montant, calculé en principe sur la valeur du fonds exploité outre les frais de réinstallation (art. L. 145-14 ; en pratique et sous réserve d'ajustement lié à la nature du fonds ou de sa situation géographie, le montant représente un an de chiffres d'affaires HT calculé sur une moyenne des trois dernières années d'exploitation), est en général dissuasif et, de fait, le preneur est assuré de rester dans les lieux (ce qui confère une valeur financière au bail, v. *infra*). Le bailleur est dispensé de l'obligation de renouvellement du bail si le preneur ne répond pas à certaines conditions légales : immatriculation au registre du commerce (au jour de la délivrance du congé) et exploitation du fonds (par lui ou par son prédécesseur si le fonds a été acheté récemment ou encore par son locataire-gérant, v. *infra*) pendant les trois dernières années précédant l'expiration du bail (art. L. 145-8).

Procédure : le bailleur doit, six mois au moins avant l'expiration du bail (art. L. 145-9), délivrer un congé (dans les formes conformes aux usages, en fait par lettre recommandée avec AR ou, mieux encore, par exploit d'huissier) avec offre d'indemnité (s'il n'y a pas de dispense), mais il a un **droit de repentir** (s'il constate que cette indemnité est trop élevée ; art. L. 145-56).

Il doit également délivrer un congé s'il entend augmenter le loyer (art. L. 145-11).

Si le bailleur ne fait rien, il y a tacite « reconduction » (art. L. 145-9, 2e al.) – c'est en fait une prorogation car il s'agit d'une prolongation du bail initial – et si le bail vient à dépasser les douze ans du fait de cette tacite « reconduction », le loyer n'est plus plafonné (art. L. 145-34, *in fine*).

Pour éviter cette situation, le preneur peut lui-même, à compter des six mois avant l'expiration du bail et pendant toute la période de tacite « reconduction », faire une **demande de renouvellement** (par exploit d'huissier nécessairement) qui oblige le bailleur à prendre position dans les trois mois de la signification : acceptation pure et simple, sous condition d'un nouveau loyer, ou refus qui doit être motivé (art. L. 145-10).

II - La fixation du loyer

• **À l'entrée dans les lieux**, s'il s'agit de locaux vides, le loyer est **librement fixé**.

Si l'entrée d'un nouveau preneur résulte d'une cession de bail, le loyer est celui prévu dans le bail cédé et qui est en cours. La pratique du « pas de porte » (indemnité versée au bailleur) tend à disparaître.

Ce loyer peut être **indexé** soit sur l'indice des loyers commerciaux (ILC) ou l'indice trimestriel des loyers des activités tertiaires (ILAT) de l'INSEE (art. L. 145-34 renvoyant à l'art. L. 112-2 C. mon. fin.).

• Une fois le loyer initial fixé, intervient alors un double principe : le loyer révisé ou d'un bail renouvelé doit correspondre à la valeur locative mais la variation ne peut excéder celle de l'indice ILC ou ILAT de l'INSEE (qui constitue à la fois un plancher en cas de dépréciation ou un plafond en cas de hausse du marché immobilier – art. L. 145-38).

Cela emporte les conséquences suivantes.

– **En cours de bail**, l'augmentation du loyer est encadrée et plafonnée (les biens à usage de bureaux ou les locaux monovalents ne sont pas concernés). C'est le principe **d'une révision, seulement triennale**, à la demande de l'une ou l'autre partie, et qui ne peut excéder la variation de l'indice ILC ou ILAT de l'INSEE, sauf s'il y a une modification notable des facteurs locaux de commercialité mais la hausse ne peut toutefois excéder, par an (et ce jusqu'à ce que la valeur locative soit rattrapée), 10 % du montant du loyer perçu l'année précédente (C. com., art. L. 145-34). La révision du loyer en application de l'indexation choisie par les parties n'intervient que si la modification (à la hausse ou à la baisse) est de plus du quart et l'ajustement ne peut dépasser, par an, 10 % du loyer payé l'année précédente (C. com., art. L. 145-39).

– **Au moment du renouvellement**, la même règle de plafonnement, avec son exception, se retrouve. La règle n'est pas d'ordre public et les parties peuvent fixer les modalités de fixation du loyer du bail renouvelé. Si le bail initial perdure **plus de douze ans** du fait d'une tacite reconduction, le loyer est **déplafonné**.

III - Les droits du preneur sur son bail

A - La déspécialisation

En dépit des stipulations du bail qui peuvent restreindre le type d'activités qui peuvent être exercées dans les lieux loués, le preneur peut obtenir :

– une **déspécialisation partielle** pour une **activité connexe** ; le bailleur ne peut s'y opposer mais lors de la prochaine révision triennale, il pourra majorer le montant du loyer ;

– une **déspécialisation plénière** (changement complet d'activité) qui requiert en revanche **l'accord du bailleur** (mais le TGI appréciera le caractère légitime du refus

– activité interdite par le règlement de copropriété dont fait partie le bien loué par exemple) **sauf en cas de départ à la retraite du commerçant** où celui-ci peut imposer un repreneur exerçant une autre activité (sous réserve de sa compatibilité avec la destination de l'immeuble), le bailleur n'ayant alors que la possibilité de racheter le bail (art. L. 145-51) ; le droit à la majoration immédiate du loyer et le paiement d'une indemnité que justifie par principe la déspécialisation plénière (art. L. 145-50), est discuté dans le cadre d'un départ à la retraite (jurisprudence incertaine).

B - La cession du bail

Admise par principe, la cession (c'est une vente) **peut** néanmoins **être interdite** dans le bail, sauf si elle accompagne une cession du fonds de commerce qui est exploité dans les murs (art. L. 145-16 réputant alors non écrite une telle interdiction).

En fait, l'interdiction pure et simple est rare car la possibilité pour le preneur de céder à titre onéreux (perception d'un « droit au bail ») son bail est un élément financier important.

S'il ne l'interdit pas, le bail peut cependant imposer des **formalités pour cette cession** (acte authentique, nécessité d'appeler le bailleur à l'acte, agrément du bailleur…) et les clauses résolutoires insérées dans les baux visent très souvent le non-respect de ces formalités qui doivent être scrupuleusement suivies sous peine de résiliation immédiate (et sans indemnité au profit du preneur) du bail.

Sauf dispense du bailleur, la cession doit lui être **notifiée** (signification de l'art. 1690 C. civ. si rien n'est dit à ce sujet) pour lui être opposable.

La clause de **solidarité** entre le cédant et le cessionnaire, imposé en général parle bailleur, ne peut couvrir au plus que la période des **trois ans suivant la cession** (C. com., art. L. 145-16-2) et le bailleur a l'obligation d'avertir le cédant de toute défaillance du cessionnaire dans le paiement de son loyer dans le mois suivant son exigibilité (C. com., art. L. 145-16-1).

La **sous-location**, quant à elle, est en principe **interdite** sauf stipulation contraire dans le bail ou autorisation expresse du bailleur (C. com., art. L. 145-31). Les rapports entre le locataire principal et le sous-locataire sont régis par un véritable bail soumis lui-même au statut (le sous-locataire a le droit notamment à une indemnité d'éviction si le locataire principal ne peut lui assurer le renouvellement de son bail).

C - Le droit de préemption du preneur

Depuis la loi Pinel du 18 juin 2014, un **droit de préemption** est ouvert au profit du preneur à bail lorsque le bailleur envisage de vendre les murs. Ce droit n'est pas applicable en cas de cession unique de plusieurs locaux d'un ensemble commercial, de cession unique de locaux commerciaux distincts ou de cession d'un local commercial au copropriétaire d'un ensemble commercial, ni à la cession globale d'un immeuble comprenant des locaux commerciaux ou à la cession d'un local au conjoint du bailleur, ou à un ascendant ou un descendant du bailleur ou de son conjoint (C. com., art. L. 145-46-1, *in fine*).

La procédure, à respecter **à peine de nullité**, est très proche de celle prévue pour les locataires dans le bail d'habitation (v. *supra*) :

– **notification (**lettre recommandée avec AR ou remise en main propre avec récépissé ou émargement**)** d'une **offre** comportant prix et conditions de la vente ;

– le preneur dispose d'un **délai d'un mois** pour se prononcer puis de deux mois (ou quatre s'il a recourt à un prêt) pour réaliser la vente ;

– une **nouvelle purge** de ce droit est nécessaire, à peine de nullité de la vente, si le bailleur vend à un tiers à des **conditions plus avantageuses.**

§ 3 – La location-gérance du fonds de commerce et artisanal

Il s'agit pour le commerçant de **louer son fonds de commerce** ou d'artisanat (bail d'une chose incorporelle). Les raisons pour y recourir sont multiples : souvent, c'est une option prise lors du décès d'un commerçant laissant à sa succession des enfants qui envisagent de reprendre l'activité plus tard ; ce peut être aussi pour pallier une incapacité temporaire d'exercice professionnel (maladie, accident) ; parfois c'est un départ à la retraite du commerçant qui justifie le choix du recours à la location-gérance afin de s'assurer quelques revenus (solution qui doit être soigneusement pesée avec celle qui serait de vendre le fonds et de placer l'argent qui résulterait de cette vente).

Ce bail est régi par des **textes impératifs** (leur non-respect emporte la **nullité du contrat**) du Code de commerce (art. L. 144-1 s.) mais, ne réglant que quelques aspects de la relation contractuelle, ils laissent une large marge de manœuvre aux parties et aux dispositions du droit commun du louage de choses (sauf bien sûr dispositions inappropriées telles que l'article 1732 [dégradations du bien] ou 1733 [incendie] C. civ.).

Le régime d'ordre public est justifié par la méfiance vis-à-vis de ce mode d'exploitation anormale d'un fonds de commerce et antiéconomique (il faut que le propriétaire du fonds et le gérant trouvent l'un et l'autre une source de revenus dans l'exploitation d'un seul et même bien).

I – Traits principaux

• C'est un **contrat consensuel** pour lequel aucune mention informative n'est prévue.

• Il s'agit d'un **acte d'administration** relevant, pour les régimes matrimoniaux, de la gestion concurrente (C. civ., art. 1421) mais nécessitant l'accord du conjoint si celui-ci participait à l'exploitation du fonds de commerce (C. com., art. L. 121-5).

• Le loueur doit avoir **exploité personnellement le fonds pendant deux ans** au moins (C. com., art. L. 144-3) ; des **dispenses** sont prévues à l'article L. 144-5 du Code de commerce au profit des héritiers ou des majeurs incapables, du conjoint attributaire du fonds après dissolution du régime matrimonial, mais aussi lorsqu'il s'agit d'écouler des produits fabriqués ou distribués par lui-même (ex. des sociétés de raffinage qui proposent en location-gérance les stations de service) ; le propriétaire du fonds peut toujours s'adresser au juge pour obtenir une dispense non prévue par la loi.

• Le gérant (locataire) doit être **immatriculé au RCS ou au RM** (et le loueur doit se faire radier) car il va être commerçant ou artisan.

II – Rapports avec les tiers

Pour rendre opposable aux tiers la location-gérance, il faut la **publier dans un journal d'annonces légales (JAL)** dans les 15 jours de la conclusion du contrat.

• Les créanciers du loueur, qui peuvent craindre l'insolvabilité de leur débiteur qui cesse son activité, ont la possibilité dans les 3 mois de la publicité au JAL de demander le bénéfice de la déchéance du terme si leurs créances n'étaient pas encore exigibles.

• Le loueur est garant des dettes d'exploitation du gérant pendant 6 mois à compter de la publicité au JAL (C. com., art. L. 144-7) et reste responsable de cette exploitation vis-à-vis des tiers tant qu'il ne s'est pas fait radier et à l'égard de l'administration fiscale, il le reste sans limitation de temps (sauf celui de la prescription fiscale) pour tous les impôts directs générés par l'exploitation (CGI, art. 1684, 3°).

III - Rapports *inter partes*

Fondamentalement ce sont des rapports de bailleur à preneur tels qu'ils sont prévus dans le droit commun des baux (v. *supra*).

Quelques particularités toutefois :

• Le contrat comporte très souvent une **clause de non-concurrence** (de non-rétablissement) à la charge du loueur ;

• Le loyer (redevance locative) peut être indexé (ou réévalué) selon d'autres indices tel le chiffre d'affaires ;

• Le loueur n'a aucun droit au renouvellement, ni à aucune indemnité d'éviction en fin de bail.

Pour aller plus loin

Exemples de sujets d'examen

Dissertations

- Cession de bail et sous location (droit civil et droit commercial)
- Les droits de préemption dans les baux (droit civil et droit commercial)

Sujets d'oraux

- Les pouvoirs pour conclure un bail
- L'obligation d'entretien du bien loué
- La responsabilité en cas d'incendie du bien loué
- Le renouvellement du bail d'habitation
- Le congé donné par le bailleur (bail d'habitation)
- Le renouvellement du bail commercial et la fixation du loyer

Chapitre 2
Le prêt

L'essentiel

Si le prêt est souvent perçu comme la mise à disposition d'une chose à charge de la rendre, cette vision est surtout vraie pour le prêt à usage – dit aussi commodat – que le Code civil distingue du prêt de consommation – anciennement mutuum –, dont le plus fréquent est le prêt d'argent, chose fongible par principe, ce qui emporte de ce fait un aménagement nécessaire des règles, d'autant qu'il est, de nos jours, rarement gratuit (perception d'intérêts).
L'impact et l'ampleur du statut réservé aux prêts aux consommateurs, qui fut en grande partie le point de départ d'une réglementation dont les différents aspects ont été rassemblés dans le Code de la consommation, justifient une étude spécifique. Enfin, les opérations de financement ne consistent pas nécessairement en une simple fourniture de fonds à celui qui en a besoin ; des motivations fiscales ont suscité des montages plus complexes dont le concept fondateur provient du procédé de droit anglo-saxon de « leasing ».

Section 1 – Le prêt en droit commun

Le Code civil en distingue deux, le prêt à usage et le prêt à consommation (art. 1874), tout en consacrant un chapitre à part pour le prêt à intérêt (C. civ., art. 1905 s.).

§ 1 – Prêt à usage et prêt de consommation

Distinction : le Code civil en donne deux définitions différentes :

– le prêt à usage – ou **commodat** – est « *un contrat par lequel l'une des parties livre une chose à l'autre pour s'en servir, à la charge par le preneur de la rendre après s'en être servi* » (C. civ., art. 1875) ;

– le prêt de consommation – anciennement ***mutuum*** – est « *un contrat par lequel l'une des parties livre à l'autre une certaine quantité de choses qui se consomment par l'usage, à la charge par cette dernière de lui en rendre autant de même espèce et qualité* » (art. 1892).

De cette distinction résultent des différences importantes entre les deux contrats, mais l'un et l'autre sont des **contrats réels** (ils ne se forment que par la remise de la chose) sauf les prêts d'argent consentis par des professionnels du crédit, **unilatéraux** et conclus ***intuitu personae***.

I – Le prêt à usage

A – Caractéristiques

• L'obligation de restitution de la chose même, qui n'est donc pas consomptible par nature, empêche un transfert de propriété au profit de l'emprunteur, de sorte que les risques pèsent toujours sur le prêteur (***res perit domino***).

• L'article 1876 du Code civil répute un tel prêt, correspondant initialement au service entre amis, « **essentiellement gratuit** » (la gratuité peut à l'heure actuelle avoir un objectif commercial, tel le prêt de caddies dans les supermarchés).

• Même si la date de restitution est fixée dans le contrat, le prêteur, qui en a un « *besoin pressant et imprévu* », peut saisir le juge pour en obtenir la restitution (C. civ., art. 1889).

B – Régime juridique

1. Les obligations de l'emprunteur

• Il doit **user** de la chose **conformément à ce qui est prévu** dans le contrat et/ou à la nature de la chose (art. 1880).

• Il a l'obligation de la **conserver** et pour cela, assume en principe toutes les dépenses nécessaires qui relèvent d'une gestion normale de la chose (C. civ., art. 1886) ; en cas détérioration ou de perte de la chose prêtée, pèse sur lui une présomption de faute dont il peut se décharger en prouvant le cas fortuit ou la force majeure, ou en prouvant son absence de faute (C. civ., art. 1884).

• Il doit enfin la **restituer en nature** et le prêteur est fondé à refuser la restitution par équivalent ; mais est contraire aux règles du droit de la concurrence l'obligation de restitution en nature lorsqu'elle est imposée en réalité pour empêcher « l'emprunteur » de pouvoir s'adresser à des concurrents parce que le coût engendré par la restitution de la chose est bien supérieur à la valeur de la chose elle-même (ainsi avait cet objectif anti-concurrentiel la pratique ancienne des compagnies pétrolières qui exigeaient la restitution en nature des cuves d'essence enterrées sous les pistes de la station).

2. Les obligations du prêteur

• Il est **responsable des vices** de la chose prêtée dont il aurait eu connaissance et dont il n'aurait pas averti l'emprunteur (C. civ., art. 1891) ; cette règle ne s'applique pas si le prêt est, en fait, à titre onéreux, auquel cas le prêteur est présumé connaître les vices.

• Il a l'obligation de **rembourser** l'emprunteur des dépenses « *extraordinaire(s), nécessaire(s) et tellement urgente(s) qu'il n'a pas pu en prévenir le prêteur* » (C. civ., art. 1890).

II – Le prêt de consommation

Il porte sur des choses consomptibles par nature (argent) ou par la volonté des parties (autorisation donnée par le prêteur ; il faut des choses véritablement interchangeables) : la restitution ne se fera que par équivalent.

A - Caractéristiques

• La consommation de la chose emporte **transfert de propriété** au profit de l'emprunteur qui supportera, de ce fait, les risques pour perte fortuite en application de l'adage *genera non pereunt*.

• La présomption de gratuité ne se rencontre que très rarement : le prêt de consommation est en fait souvent à titre **onéreux** (« *salarié* »), mais il faut le spécifier.

• La **date de restitution** est celle fixée par le contrat et le prêteur est obligé de s'y tenir sans pouvoir exiger un remboursement anticipé (C. civ., art. 1899). S'il n'a pas été fixé de date ou qu'elle est imprécise (« remboursement quand l'emprunteur pourra » par exemple), c'est le juge qui tranche en cas désaccord des parties (C. civ., art. 1900 et 1901).

• La **preuve** du prêt suppose, lorsqu'il s'agit de prêt d'**argent**, la double preuve de la **remise de fonds** et de **l'absence d'intention libérale** de la part du prêteur.

B - Obligations des parties

1. Obligation du prêteur

Une seule en réalité : il est **responsable des vices** de la chose prêtée dans les mêmes termes que dans un prêt à usage (art. 1898 renvoyant à art. 1891, C. civ.).

2. Obligations de l'emprunteur

• Obligation de **restitution** de la chose prêtée, « *en même quantité et qualité et au terme convenu* » (art. 1902) ; si la chose est de l'argent, c'est le principe du **nominalisme** (C. civ., art. 1895), sauf stipulation d'une indexation (conforme à l'article L. 112-2 C. mon. fin., relation avec l'objet du contrat ou l'activité de l'une des parties) pour corriger la dépréciation monétaire.

• Ou d'en **payer la valeur** eu égard au temps et au lieu prévus dans la convention, à défaut ceux où le prêt a été fait (art. 1903).

• En cas de **retard**, il doit l'**intérêt** du jour de la sommation ou de la demande en justice.

§ 2 - Le prêt à intérêt

C'est un prêt de consommation portant sur de l'argent : la stipulation d'intérêts est la **rémunération** du prêteur (ce n'est pas une indexation). Elle doit être spécifiée dans le contrat.

Pratiqué à titre habituel, ce prêt doit être alors nécessairement consenti par un professionnel du crédit : le prêt perd son caractère réel pour devenir un **contrat consensuel** (formation par le seul échange des consentements).

I - Formation

Sauf à préciser que le prêt, même consenti par un professionnel, reste un **contrat** *intuitu personae*, le prêt obéit aux conditions de droit commun pour sa formation.

La **stipulation d'intérêts** oblige néanmoins à des précisions.

A – La détermination du taux

Si aucun taux n'est précisé dans le contrat, c'est le taux légal qui s'applique. De plus en plus faible ces dernières années – 0,04 % par an en 2014 –, à partir de 2015, est désormais instaurée une double règle : le créancier particulier bénéficie d'un taux de 4,06 % par an alors que le créancier professionnel ne peut prétendre percevoir que 0,93 %/an (cette dernière catégorie n'est en fait pas excusable de ne pas avoir stipulé un taux conventionnel).

Pour percevoir un **taux conventionnel**, il faut qu'il soit fixé par **écrit** (art. 1907 ; pour les comptes courants bancaires, il suffit qu'il figure sur les relevés).

Le taux n'a pas besoin d'être déterminé : tel est le cas d'un taux variable. Il suffit qu'il soit déterminable. La banque peut se référer à son taux de base sans que le prêt ne soit affecté de nullité (mais en cas d'abus dans la fixation de ce taux, elle engage sa responsabilité).

B – Un taux non usuraire

L'usure est le fait de pratiquer un taux trop important.

Elle s'apprécie par un rapport au **taux annuel effectif global** (TAEG, mais usuellement visé sous le sigle TEG) qui tient compte outre du taux d'intérêt demandé, des frais, commissions ou rémunérations de toute nature, voire tout ce qui est mis à la charge de l'emprunteur (v. C. consom., art. L. 313 s., C. mon. fin., art. L. 313-4 renvoyant aux art. L. 313-1 et 313-2 C. consom.).

Ce taux ne doit **pas excéder du tiers le taux moyen** pratiqué pour des prêts de même nature (quant à la durée, l'activité, la qualité des parties, l'objet du financement, le montant).

C – L'anatocisme

L'article 1154 prévoit que « *les intérêts échus des capitaux peuvent produire des intérêts… par une convention spéciale pourvu que… dans la convention, il s'agisse d'intérêts dus au moins pour une année entière* ».

Cette **capitalisation des intérêts** est de principe dans les comptes courants et sa simple stipulation dans les contrats de prêt suffit pour la rendre applicable.

Elle est **dangereuse** car elle conduit à alourdir rapidement la dette sans que ce mécanisme ne soit pris en compte au titre de l'usure (car le TEG lui-même ne bouge pas).

II – Exécution du contrat

L'obligation pour l'emprunteur de rémunérer le prêteur (paiement des intérêts) transforme le prêt en un contrat synallagmatique : les obligations existent donc de part et d'autre.

A – Obligations du prêteur

Du côté du prêteur, son obligation principale consiste en la remise des fonds prêtés.

Lorsque c'est un professionnel, pèsent sur lui des obligations accessoires (obligation d'information, voire de conseil) que le Code de la consommation renforce (v. *infra*).

1. La remise des fonds

Longtemps élément constitutif de la formation du prêt, elle n'est qu'une modalité d'exécution lorsque le prêteur est un professionnel du crédit, ce qui permet de recourir à l'**exécution forcée** si ce dernier s'avisait de se rétracter après la formation du contrat (celle-ci se réalisant par l'acceptation de l'offre de prêt par l'emprunteur).

Elle se fait en une ou en plusieurs fois si c'est une **ouverture de crédit** (analysée par la cour de cassation comme une promesse de prêt), à hauteur de l'encours maximal stipulé.

2. Devoir de mise en garde du prêteur professionnel

Parallèlement aux obligations d'information développées dans le cadre du droit de la consommation, la jurisprudence a mis à la charge du banquier dispensateur de crédit un **devoir de mise en garde contre un risque d'endettement trop important, si l'emprunteur est « non averti »** (notion plus large que celle de consommateur car celui qui emprunte pour financer une activité professionnelle peut parfaitement l'être) : si l'emprunteur non averti ne peut plus faire face à son obligation de remboursement alors que la mise en garde n'a pas été faite, l'établissement de crédit engage sa responsabilité génératrice d'une indemnité se compensant (en tout ou partie) avec la dette.

B – Obligations de l'emprunteur

Du côté de l'emprunteur, le contrat fait naître une obligation de remboursement et son non-respect est sanctionné par des mesures spécifiques au prêt.

Le remboursement du prêt comprend :

– le remboursement du capital,

– et le paiement des intérêts.

La défaillance de l'emprunteur emporte des sanctions particulières.

1. Le remboursement du capital

• Il s'opère par **échéances** (en général, des mensualités), dont le montant peut être variable (méthode dégressive : les échéances de remboursement diminuent peu à peu ; ou progressive : les échéances augmentent au fil du temps) ou constant (les échéances sont toujours du même montant ; l'emprunteur paie alors au début surtout des intérêts, le remboursement du capital devenant significatif à mi-parcours).

• Toutefois, pour le **prêt viager hypothécaire, inscrit sur un bien immobilier à usage exclusif d'habitation** (C. consom., art. L. 314-1), qui ne peut pas financer une activité professionnelle (C. consom., art. L. 314-2), aucun remboursement n'est dû jusqu'au décès de l'emprunteur (sauf s'il vient à vendre le bien acquis).

• Le paiement a lieu en **euros** pour les prêts **internes**. S'il y a une clause d'indexation (qu'il ne faut pas confondre avec la perception d'intérêts qui eux rémunèrent le prêteur) sur une monnaie étrangère, elle est valable si elle est en lien avec l'objet du contrat ou l'activité de l'une des parties (C. mon. fin., art. L. 112-2, si le prêteur est une banque par ex.) ; elle ne le sera pas si l'emprunteur, acquéreur immobilier, est un consommateur, sauf si celui-ci perçoit ses revenus dans cette monnaie ou si son patrimoine est localisé dans le pays de cette monnaie (C. consom., art. L. 312-3-1).

• Le principe de la **quérabilité** s'applique ici à défaut de stipulation contraire (les établissements de crédit imposent en général une **domiciliation bancaire**).

• Le remboursement peut avoir lieu par **anticipation**, totalement ou partiellement, mais cette faculté est encadrée dans les contrats (versements minimaux, indemnité à verser en ce cas – qui ne serait pas une clause pénale mais une clause de dédit selon certains, mais cela est discuté).

2. Le paiement des intérêts

L'article 1908 pose une **présomption** (irréfragable) **de paiement** des intérêts si une quittance sans réserve a été donnée.

De même, l'emprunteur qui paie des intérêts non stipulés ne peut en obtenir le remboursement (art. 1906).

Sinon, leur non-paiement peut justifier la résolution du contrat.

3. La défaillance de l'emprunteur

• Le point de départ de la prescription (cinq ans pour les intérêts comme pour le capital – art. 2224) pour obtenir le remboursement du prêt, est la dernière échéance impayée.

• Les contrats prévoient en général en cas de défaillance de l'emprunteur :

– l'exigibilité immédiate du capital restant dû (**clause de déchéance du terme**),

– et des **pénalités** de toutes sortes (majoration du taux d'intérêt pour les échéances non payées, montant indemnitaire…) qui sont de véritables clauses pénales soumises éventuellement à l'article 1152 du Code civil (sujettes à réduction si elles sont manifestement excessives).

Section 2 - Le crédit aux consommateurs

Issue de deux lois « Scrivener » des 10 janvier 1978 et 13 juillet 1979 (toutes les deux abrogées lors de la codification du droit de la consommation par la loi du 26 juill. 1993), et faisant l'objet de plusieurs lois de plus en plus rigoureuses dont l'une des dernières marquantes, en date du 10 juillet 2010, concerne le crédit renouvelable, particulièrement redoutable pour les emprunteurs fragiles et source de nombreuses procédures de surendettement, la réglementation actuelle est regroupée dans le **Code de la consommation** (L. 311-1 s. et L. 312-1 s., pour les opérations de crédit *stricto sensu*).

Elle concerne les rapports entre :

– d'une part, un **professionnel du crédit** (établissement de crédit) qui va financer l'achat du bien ou la prestation de services,

– et d'autre part, un **consommateur/non professionnel** qui n'achète pas pour les besoins de son activité professionnelle mais pour son usage personnel (« domestique »).

La loi applicable à de tels prêts est déterminée par l'article 6 du règlement Rome I dont les dispositions ont déjà été exposées pour la vente internationale (v. p. 41). En un mot, l'emprunteur consommateur ne peut prétendre à la protection minimale que lui offre la loi du pays de sa résidence que si le prêteur professionnel exerce son activité dans ce pays ou s'il l'a dirigée vers ce pays.

Les principes directeurs du Code de la consommation tournent fondamentalement autour de la protection du consentement du consommateur/non professionnel et de l'interdépendance des contrats de vente et de financement.

§ 1 – La protection du consentement du consommateur

Elle passe par une information suffisante et un temps de réflexion obligatoire.

I – Un consentement éclairé

L'obligation qui pèse sur le professionnel de délivrer des informations précises existe dès avant la conclusion du contrat, mais se renforce à ce moment-là.

A – Réglementation de la prospection des clients

• La **publicité** doit être « *loyale et informative* » (art. L. 311-4 ; L. 312-4) : identification du prêteur, coût réel du prêt, indication du TEG...

• Le **crédit gratuit** (crédit à la consommation) doit être explicité (art. L. 311-6) : indication de l'escompte en cas de paiement comptant et de la personne qui supporte en réalité le coût du crédit.

• Le **démarchage** des clients est réglementé quant aux personnes qui peuvent l'effectuer (C. mon. fin., art. L. 341-3 s.) et celles-ci sont tenues d'observer des « règles de bonne conduite » (art. L. 341-11 s. du même Code).

B – Réglementation de l'offre de prêt

La loi du 1er juillet 2010 a renforcé, pour ce qui est du crédit à la consommation (crédit, autre qu'immobilier, de plus de trois mois et d'un montant inférieur ou égal à 21 500 €), les obligations du prêteur professionnel quant au contenu de la publicité qu'il peut faire (v. le détail *in* art. L. 311-4 et L. 311-5) et au stade de la phase précontractuelle, ce qui est une nouveauté. Le prêteur doit « préalablement à la conclusion du contrat de crédit », donner par écrit (ou autre support durable) « les informations nécessaires à la comparaison de différentes offres et permettant à **l'emprunteur, compte tenu de ses préférences, d'appréhender clairement l'étendue de son engagement** ». Quant au crédit immobilier (pour l'achat d'un immeuble à usage d'habitation ou mixte, ainsi que pour les travaux y afférents s'ils sont supérieurs à 21 500 €), l'article L. 312-7 du Code de la consommation précise simplement que le prêteur est tenu « *de formuler une offre adressée gratuitement à l'emprunteur éventuel ainsi qu'aux cautions... personnes physiques* ».

Le contenu de l'offre qui est adressée au candidat emprunteur consommateur est détaillé tant pour le crédit à la consommation que pour le crédit immobilier.

• Le **crédit à la consommation** est nécessairement précédé d'une offre (« offre préalable ») dont le contenu est défini aux articles L. 311-10 s. : identité des parties, montant et modalités du crédit, indication du TEG et pour chaque échéance, le coût de l'assurance et des éventuels frais perçus. Ces dispositions s'appliquent également aux ouvertures de crédit.

• Le **crédit immobilier** suppose, lui aussi, l'émission préalable d'une offre pour laquelle le législateur a été beaucoup plus précis (v. art. L. 312-8) : outre les indications susvisées, il est exigé qu'elle doive être accompagnée d'un « *échéancier des amortissements détaillant pour chaque échéance la répartition du remboursement entre le capital et les intérêts* ».

II – Un consentement réfléchi

Il est assuré par deux mesures principales.

A – Le maintien de l'offre pendant un certain délai

L'emprunteur dispose ainsi du temps nécessaire (sous réserve de l'urgence de l'achat projeté) avant d'accepter l'offre de prêt.

• Pour le **crédit à la consommation**, le délai minimum est de **quinze jours** (art. L. 311-8).

• Pour le **crédit immobilier**, ce délai est porté à **trente jours** (art. L. 312-10).

B – Un délai obligatoire de réflexion

Pour éviter que le consommateur ne soit engagé trop vite dans un prêt dont il n'aura pu mesurer la portée réelle quant à la charge réelle qu'il représente, la loi lui impose un temps obligatoire de réflexion.

• Dans les **crédits à la consommation**, le mécanisme mis en place est une **rétractation** (le contrat est donc conclu), *ad nutum* et sans aucune incidence financière pour l'emprunteur, possible pendant **quatorze jours** (ce délai peut être réduit jusqu'à trois jours dans certains cas – art. L. 311-14) après la conclusion du prêt (art. L. 311-15).

Pour faciliter l'exercice de cette rétractation, un bordereau (dit de rétractation) doit être annexé à l'offre préalable et aucun paiement ne peut avoir lieu avant l'expiration du délai (normal ou réduit, v. art. L. 311-17 et L. 311-14).

• Dans les **crédits immobiliers**, c'est un mécanisme de **réflexion**. Aucune acceptation, qui est donnée nécessairement par lettre, ne peut intervenir pendant **dix jours** à compter de la réception de l'offre de crédit (art. L. 312-10). Là encore, aucun paiement de quelque nature que ce soit ne peut être fait pendant cette période de gel (art. L. 312-11).

Toutefois, notons que l'emprunteur acquéreur, qui n'accepte pas l'offre de prêt conforme à ce qui avait été prévu dans la promesse de vente de sorte que la condition suspensive n'est pas réalisée, sera exposé à une sanction pécuniaire vis-à-vis de son vendeur (perte de l'indemnité d'immobilisation ou paiement de la clause pénale prévue pour l'hypothèse…).

§ 2 – Une interdépendance des contrats

Elle est essentielle dans les deux cas de figure :

– consommateur qui a obtenu son prêt mais dont le projet de vente a échoué ;

– consommateur engagé dans une vente mais qui n'a pas obtenu le financement nécessaire.

La théorie classique de la cause (la cause du prêt est la remise des fonds, non l'objet du financement) ne permettant pas de lier objectivement les deux contrats, ce lien résulte de dispositions expresses de la loi.

I - Interdépendance au début de la relation contractuelle

A - Dans le cadre de l'achat d'un bien de consommation

L'interdépendance est imposée pour les **crédits affectés** (ceux qui sont octroyés en vue d'une opération déterminée et précisée dans l'offre préalable), étant rappelé que si le contrat principal est conclu :

– le prêt ne prend effet qu'à compter de la livraison ou de la fourniture de la prestation ;

– mais inversement, l'exécution du contrat principal est suspendue pendant toute la période de rétractation (art. L. 311-24).

B - Dans le cadre de l'achat d'un immeuble ou de travaux immobiliers

• Le contrat est nécessairement réputé conclu **sous la condition suspensive de l'octroi du prêt** (art. L. 312-16). Tant qu'elle n'est pas réalisée, il n'a aucune existence juridique. La non-réalisation de la condition emporte restitution des sommes qui ont pu être versées entre les mains de tiers qui bénéficient de garanties (notaires, agents immobiliers).

• On ne peut **écarter** cette condition (inconfortable pour le vendeur) que si l'acquéreur déclare (**mention manuscrite** obligatoire dans la promesse) ne pas avoir à recourir à un prêt (art. L. 312-17).

• L'offre de prêt, acceptée, est « toujours acceptée sous la condition résolutoire de la non-conclusion dans un délai de quatre mois à compter de son acceptation, du contrat pour lequel le prêt est demandé » (art. L. 312-12) : pas de vente, plus de prêt !

II - Interdépendance en cours d'exécution

A - Dans les crédits à la consommation

• La **résolution ou l'annulation du contrat principal emporte résolution ou annulation du prêt** qui en organisait le financement, à condition que le prêteur ait été appelé en la cause (art. L. 311-25) ; le vendeur fautif pourra être condamné à garantir l'emprunteur de la restitution des sommes prêtées (versées, en fait, directement à ce dernier).

• L'exercice de la faculté de **rétractation emporte résolution**, de plein droit et sans indemnité, **du contrat principal**, sauf si l'acquéreur paie comptant (art. L. 311-25) ; la clause qui prévoirait à l'avance un tel paiement en cas de refus de prêt est nulle de plein droit (art. L. 311-26).

B - Dans les crédits immobiliers

Rien n'est prévu expressément par les textes du Code de la consommation.

Toutefois, au regard des règles du **droit commun,**

– la **nullité du prêt, par son effet rétroactif,** fait défaillir, rétrospectivement, la condition suspensive du contrat principal et rejaillit donc sur lui ;

– la **résolution du prêt n'a pas d'incidence directe** en revanche (l'obligation de restitution des fonds contraindra l'acquéreur à vendre le bien acheté pour trouver les liquidités nécessaires) ; la résolution ou l'annulation de la vente emportera, si l'acquéreur ne trouve pas à réemployer les fonds dans une autre acquisition, un remboursement anticipé ; le vendeur, s'il est responsable du vice de la vente, devra alors garantir l'acquéreur du paiement de l'indemnité qui a pu être stipulée dans le prêt (nécessairement plafonnée à un semestre d'intérêts du capital remboursé sans pouvoir excéder 3 % du capital restant dû avant remboursement – C. consom., art. R. 312-2).

Section 3 - Les opérations complexes de financement

Au lieu de recourir à un prêt pur et simple pour financer l'acquisition projetée, le candidat acquéreur peut opter pour une combinaison juridique qui consiste à faire acheter ce bien par le financeur (**nécessairement un professionnel du crédit ou une société de financement**) qui le lui louera avant de lui permettre d'en devenir propriétaire.

Conçu au départ pour des acquéreurs professionnels qui optent pour ce mode de financement pour des raisons avant tout fiscales (déduction des loyers versés du bénéfice imposable), le « leasing » est apparu aussi pour les particuliers comme un mécanisme facilitant leur accession à la propriété.

Du côté des professionnels acquéreurs, c'est une opération de **crédit-bail**, du côté des consommateurs acquéreurs, ce sont des contrats de **location avec option d'achat ou location-accession** (pour les achats immobiliers). L'article L. 313-1, alinéa 2, du Code monétaire et financier et l'article L. 311-2 du Code de la consommation **assimilent ces contrats à des opérations de crédit.**

Pour ce qui est de ces contrats lorsqu'ils concernent un consommateur, ils ne sont identifiés en tant qu'opérations spécifiques que lorsqu'ils portent sur un bien immobilier – location-accession – et dans la mesure où les parties ont choisi ce type de contrat ; sinon, ce sont les règles du crédit à la consommation (C. consom., art. L. 311-1 s.) qui doivent être respectées (sauf si le montant dépasse 75 000 €, auquel cas il est renvoyé au droit commun du prêt). En matière immobilière, si les parties ne veulent pas de la location-accession, elles peuvent décider de conclure soit un bail d'habitation (loi de 1989) avec une promesse de vente ou une location-vente (v. C. consom., art. L. 312-24 s.).

Deux contrats vont ici retenir l'attention : le crédit-bail et la location-accession.

§ 1 - Le crédit-bail

Il peut concerner tant des biens mobiliers qu'immobiliers, corporels qu'incorporels (tel le crédit-bail de fonds de commerce). Il est défini à l'article L. 313-7 du Code monétaire et financier. Pratiqué à titre habituel (ce qui est toujours le cas), il ne peut être octroyé que par un professionnel du crédit (profession réglementée, C. mon. fin., art. L. 511-1 s.)

Les éléments caractéristiques sont un bail (le bien est donné en location) dont le « loyer » (qu'on appelle redevance) intègre une partie du prix de vente car le preneur a la faculté de devenir propriétaire dudit bien pour un prix inférieur à sa valeur marchande puisqu'il aura été payé pour partie à chaque redevance. Il y a donc **bail, promesse de vente et vente** (ce dernier élément n'est pas une condition de validité de l'opération)

C'est en outre une **opération triangulaire** car le **crédit-bailleur** est un établissement de crédit (ou une société de financement) qui n'est propriétaire du bien que pour les besoins du **crédit-preneur**. Il va donc l'acquérir auprès du **fournisseur** dans le seul but de pouvoir le louer au crédit-preneur.

La mise en place de l'opération obéit à un schéma spécifique (la Cour de cassation a considéré que c'était un contrat *sui generis*) qu'il convient de préciser avant de voir son régime.

I - La mise en place du crédit-bail

• Le choix du bien financé est fait par le crédit-preneur ; si c'est une opération de « *lease-back* » (le propriétaire vend son bien pour se procurer des liquidités mais entend le racheter ensuite – opération proche d'une fiducie-sûreté), cette étape n'a bien sûr pas lieu d'être.

• Il contacte ensuite une société de crédit-bail pour organiser l'acquisition.

• La société de crédit-bail donne mandat au crédit-preneur pour acheter en son nom le bien désiré ; acquéreur du bien, aucun contact réel n'existe cependant entre le vendeur du bien et la société de crédit-bail.

• Elle établit le contrat de crédit-bail pour le donner en location au crédit-preneur ; ce contrat prévoit nécessairement une promesse de vente à son profit ; s'il est mené jusqu'au bout, la faculté de rachat est exercée pour un euro (valeur résiduelle).

• Ce contrat doit faire l'objet d'une publicité (au greffe du tribunal de commerce ou du TGI, au fichier immobilier pour les crédits-bail immobiliers) pour être opposable aux tiers (notamment pour que le crédit-bailleur puisse revendiquer la propriété du bien s'il est entre les mains d'un tiers ou en cas de procédure collective)

II - Régime juridique

• Propriétaire d'un bien qu'elle n'a pas choisi, la société de crédit-bail n'entend pas assumer les obligations d'un bailleur ; pour ce faire, une clause de style est insérée dans les crédits-bail selon laquelle en contrepartie d'une exonération de responsabilité pour tout défaut de la chose, le crédit-bailleur **transfère à son preneur tous les droits et actions qu'il pourrait avoir contre le fournisseur**.

• **L'unicité économique et juridique** de l'opération crée **une indivisibilité** de la vente du bail et de sa location, de sorte que si l'un est résilié ou annulé, l'autre l'est également. En cas de résolution ou d'annulation de la vente (obtenues sur action du crédit-preneur sur le fondement d'un mandat exprès *ad litem* figurant dans le contrat), le contrat de crédit-bail se trouve ainsi résilié (sauf fraude ou faute lourde du crédit-preneur) sans rétroactivité (la période précédant la décision de justice ne donne lieu à aucune restitution et les loyers sont dus pendant toute la procédure).

• **En cas de défaillance du crédit-preneur** dans le paiement des loyers de sorte à justifier la résiliation du contrat de crédit-bail, s'applique une clause dite **« d'indemnité de résiliation »** qui l'oblige à payer une fraction des loyers restant dus. C'est une **véritable clause pénale** qui peut être réduite si elle est manifestement excessive selon l'alinéa 2 de l'article 1152 du Code civil (on tiendra compte notamment de la valeur de revente de la chose louée et restituée) ; la Cour de cassation a même estimé qu'une clause qui met à la charge du crédit-preneur défaillant **l'intégralité des loyers restant dus est nulle.**

• Le contrat de crédit-bail est un **contrat *intuitu personae*** ; toute cession (interdite en général dans le contrat de toute façon) nécessite en tout état de cause le consentement exprès du crédit-bailleur. La seule exception notable se trouve en cas de procédure collective du crédit-bailleur où la cession peut être imposée par le juge en cas de cession de l'entreprise et si le contrat est nécessaire au maintien de l'activité (C. com., art. L. 642-7).

§ 2 - La location-accession

L'expression vise des candidats acquéreurs d'un bien **immobilier à usage d'habitation ou mixte** (habitation et professionnel) auprès d'un professionnel qui se charge de le faire construire (souvent un promoteur immobilier).

Elle est régie par la **loi du 12 juillet 1984** qui en définit les éléments essentiels pour que le régime s'applique :

– une vente avec une promesse unilatérale de vente portant sur un bien immobilier ;

– une période de jouissance du bien à titre onéreux ;

– avec un paiement fractionné du prix de vente sous forme d'une redevance (loyer + partie du prix de vente) due jusqu'à la levée d'option.

L'avantage indéniable de ce contrat est de permettre d'accéder à la propriété sans apport personnel.

I - Contenu du contrat

La loi a prévu un **formalisme protecteur** de l'accédant :

– l'acte est nécessairement (à peine de nullité) un **acte notarié** publié au fichier immobilier (art. 4) ;

– il doit contenir toutes les **mentions** visées à l'article 5 (11 rubriques parmi lesquelles, le prix et ses modalités, le financement envisagé par l'accédant, la date d'entrée en jouissance et celle de la levée d'option, le montant de la redevance et les modalités de son imputation sur le prix de vente, la nature de la garantie que doit fournir le vendeur en cas de remboursement des sommes versées..) ;

– si l'immeuble n'est pas encore achevé au moment de la signature du contrat, le vendeur doit fournir une **garantie d'achèvement** dont le détail est précisé à l'article 6 ;

– l'accédant dispose d'un **délai d'un mois** au moins (à compter de la réception de l'envoi en recommandé du projet de vente) **avant de signer** la vente (art. 23) et dispose de la protection prévue (art. L. 312-1 s.) par le Code de la consommation s'il a recours à un prêt (art. 24 et 25) ;

– un état de lieux doit être établi soit à la signature du contrat (si l'accédant est déjà dans les lieux) soit à la remise des clefs (art. 8).

II - Exécution du contrat

• Le **transfert de propriété**, constaté par **acte authentique**, s'effectue au moment de la levée d'option par l'accédant et le vendeur doit lui en rappeler les modalités trois mois avant le terme prévu par lettre recommandée avec AR (art. 26 et 27).

• Si l'accédant ne donne pas suite, il ne bénéficie pas d'un droit au maintien dans les lieux mais il dispose d'un délai de trois mois pour les libérer à compter de la résiliation (art. 9 et 13).

• Dans cette hypothèse, le vendeur doit restituer à l'accédant la partie de la redevance qui devait être imputée sur le prix de vente et ce remboursement est garanti par un cautionnement ou par un privilège (art. 14 à 16) sauf si l'État est actionnaire majoritaire de la société venderesse.

• Mais si la résiliation est fondée sur la faute de l'accédant (défaillance dans l'exécution de ses obligations), le vendeur peut retenir, sur ce qu'il doit restituer, une pénalité qui ne saurait excéder 2 % du prix de vente de l'immeuble.

• À la restitution des locaux en cas de non-poursuite de la vente, un état des lieux doit être établi et l'accédant devra répondre des dégradations puisque pèse sur lui une obligation d'entretien et de réparations dès son entrée en jouissance (art. 29).

Pour aller plus loin

Exemples de sujets d'examen

Dissertations

- Le prêt, contrat réel ou consensuel ?
- Promesse de prêt et prêt
- Le prêt aux consommateurs : un droit en recherche de son autonomie ?

Sujets d'oraux

- Les difficultés posées par la stipulation d'un taux d'intérêt
- La défaillance de l'emprunteur
- La protection de l'emprunteur-consommateur
- Le devoir de mise en garde du prêteur professionnel

Deuxième partie

Les contrats de services

Catégorie très hétérogène, elle englobe tous les contrats qui ont pour objet une prestation de services. Domine ici l'obligation de « faire » (on fournit un travail de manière indépendante) : la fourniture de produits, s'il y en a, ne peut être qu'accessoire.
Les contrats de services s'épanouissent dans les relations économiques. Ils sont parfois de pures créations de la pratique qui préfèrent s'affranchir des modèles classiques afin d'avoir un contrat sur mesure : ils sont le domaine de prédilection de contrats sui generis.
Mais bien souvent, c'est en réalité un modèle de base du Code civil qui sert d'appui à ces « nouveaux » contrats.
Avec ses trois contrats de référence en matière de prestation de services, le contrat d'entreprise, le mandat et le dépôt, auquel a été ajoutée récemment la fiducie, les contrats nommés du Code civil permettent ainsi d'avoir un bon aperçu de cette catégorie si hétéroclite qu'on ne peut en dégager des principes directeurs communs. L'étude de chacun de ces quatre contrats sera l'occasion de vérifier leur irréductible spécificité.

Titre 1
Le contrat d'entreprise

Il fait partie du louage d'ouvrage (et d'industrie) visé à l'article 1708 du Code civil. L'article 1779 en distingue trois :

– « le louage des gens de travail qui s'engagent au service de quelqu'un », appelé de nos jours contrat de travail ;

– « celui des voituriers, tant par terre que par eau, qui se chargent du transport des personnes ou des marchandises » (contrat de transport) ;

– « celui des architectes, entrepreneurs d'ouvrages et techniciens par suite d'études, devis ou marchés ».

C'est cette dernière catégorie qui a servi de support au développement du contrat d'entreprise qui a pris une ampleur telle que la catégorie est devenue très hétérogène pour englober tout contrat de prestation de service (stricto sensu) : du teinturier au médecin en passant par l'avocat, le constructeur, l'agence de voyages, sans oublier les sociétés de gestion de portefeuilles de valeurs mobilières ou de pompes funèbres, c'est un grand pan de l'activité économique qui se trouve concerné par cette catégorie juridique.

Le client de l'entrepreneur est appelé maître de l'ouvrage (à ne pas confondre avec le maître d'œuvre, entité qui dirige un chantier et qui a la position d'entrepreneur).

En dépit des apparences, on peut dégager quelques principes communs qui, peu ou prou, régissent la matière.

À titre de réglementation spécifique, on s'attardera ensuite sur le contrat de construction, idée originaire du Code napoléon, dont on ne saurait dénier l'importance pratique.

Chapitre 1
Régime général

L'essentiel

L'article 1787 expose que « lorsqu'on charge quelqu'un de faire un ouvrage, on peut convenir qu'il fournira seulement son travail ou son industrie, ou qu'il fournira aussi la matière ».
Définition peu explicite qui ne fait pas réellement ressortir les éléments caractéristiques du contrat d'entreprise :
– exécution d'une prestation (ce n'est pas une vente)
– en toute indépendance et en son nom (ce qui le distingue du contrat de travail et du mandat)
– et moyennant rémunération (ce n'est pas du bénévolat).
*L'hésitation la plus fréquente tient à la **différence entre ce contrat et la vente de choses à fabriquer** :*
– le critère économique, qui compare la valeur du travail accompli et celui de la chose (matière) fournie, est parfois utilisé mais n'est pas nécessairement opérant (ex si le travail est accompli sur des métaux précieux, tel en joaillerie) ;
– le critère le plus pertinent tient à la spécificité du travail commandé ; si la chose est fabriquée spécialement pour le donneur d'ordre (maître de l'ouvrage), sur des indications par lui fournies, il y a entreprise ; la fabrication d'une chose standard, même à la demande de celui-ci, est une vente.
La distinction est d'importance car les obligations des parties ne sont pas les mêmes suivant la qualification retenue, comme on va le voir.
Par ailleurs, dans beaucoup de contrats d'entreprise, toute la prestation ne sera pas, en totalité, réalisée par l'entrepreneur lui-même mais par un autre : la pratique de la sous-traitance est aussi une spécificité de ce contrat.

Section 1 – Les obligations des parties

Les conditions posées pour la validité du contrat sont applicables pour le contrat d'entreprise, à la seule exception, notable, que les parties ne sont pas tenues de fixer le prix dès le contrat : il peut l'être une fois la prestation accomplie ; le juge peut le faire à la place des parties si elles ne se mettent pas d'accord.

Après avoir passé en revue les obligations de l'une puis de l'autre partie, on présentera les lignes de la directive européenne dite « services » du 12 décembre 2006 qui, peu à peu et secteur après secteur (près de 60 textes à l'heure actuelle), est transposée en droit français.

§ 1 – Les obligations de l'entrepreneur

Elles sont au nombre de **trois** :

– exécuter la prestation commandée,
– respecter le devoir de conseil et d'information,
– assurer la sécurité des choses fabriquées.

I – Exécution de la prestation

Quelle que soit la prestation, l'entrepreneur peut insérer des clauses limitatives, voire exclusives (s'il n'entend pas assumer certaines prestations) dont la validité obéit au droit commun :

– dans les relations entre professionnels et consommateurs, elles sont passées au crible de la chasse aux clauses abusives (C. consom., art. R. 132-1 et R. 132-2),

– dans les relations entre professionnels, elles tombent face au dol et à la faute lourde de l'entrepreneur et ne peuvent pas porter sur l'obligation essentielle due par l'entrepreneur.

Distinction : au regard de la diversité des contrats d'entreprise, on doit distinguer entre ceux dont la prestation est immatérielle (ce que le Code Napoléon n'avait pas envisagé) et ceux dont la prestation porte sur une chose corporelle.

A – Prestation immatérielle

Tout dépend de l'existence d'un aléa pour son exécution.

• Les **prestations de nature intellectuelle** (professions libérales par ex.) en comportent généralement un : l'entrepreneur n'est tenu dans ce cas que d'une **obligation de moyens** (nécessité d'apporter la preuve de sa faute pour engager sa responsabilité).

• Toutefois, les tâches à accomplir peuvent être diverses et suivant les cas, son obligation sera de moyens pour certaines, de résultat (présomption de faute) pour d'autres (ex. pour le dentiste, les soins eux-mêmes comportent un aléa mais la qualité de la prothèse qu'il pose n'en comporte aucun ; l'agence de publicité ne peut garantir la pertinence du slogan qu'elle propose mais elle en garantit l'originalité).

B – Prestation portant sur une chose

• Lorsque le travail porte sur une **chose appartenant au maître de l'ouvrage, la responsabilité est plus lourde** que dans le cas précédent : obligation de moyens renforcée emportant présomption de faute qui peut être renversée par la preuve de l'absence de faute (art. 1789) car s'entremêlent, sans qu'on puisse vraiment distinguer, l'exécution de la prestation elle-même et l'obligation de restitution de la chose confiée qui, elle, est de résultat (alors que l'obligation de la conserver n'est que de moyens).

• Si la chose vient à périr sans faute de sa part, le propriétaire supporte cette perte (*res perit domino*) mais l'entrepreneur ne peut réclamer le paiement de sa prestation (*res perit debitori* ; C. civ., art. 1790).

• Si l'entrepreneur fournit l**e travail et la matière**, il est **tenu des vices** de la chose fournie à l'instar d'un vendeur.

• Il **supporte en outre les risques pour perte** de la chose sauf s'il avait mis en demeure le maître de l'ouvrage d'en prendre livraison.

• En tout état de cause, l'entrepreneur doit **respecter les délais convenus** pour la livraison de la chose.

II - Devoir de conseil et obligation d'information

• Parfois, le devoir de conseil est **l'obligation principale du contrat** (pour les avocats, pour les sociétés en ingénierie, pour les sociétés de conseil en gestion de patrimoine).

L'obligation d'information a paru si essentielle pour le patient dans le domaine de la santé qu'elle a été détachée de tout contrat pour en faire une **obligation légale** (CSP, art. L. 1111-2).

Et si elle est, sinon, en principe accessoire, elle est désormais fondamentale à l'heure actuelle, surtout pour les contrats portant sur une chose, où elle sert de support à la responsabilité du professionnel sans qu'aucune faute ne soit prouvée.

• Obligation de moyens par excellence à l'origine, elle se transforme, face à un **entrepreneur professionnel, en obligation de résultat** emportant présomption de faute et présomption de causalité entre la faute et le dommage :

– c'est le cas du **garagiste** dont la responsabilité sera retenue s'il n'a pas conseillé (imposé en fait) les réparations nécessaires sur le véhicule qui lui aura été confié ;

– c'est le cas du **notaire** qui, tenu d'assurer l'efficacité des actes qu'il dresse, est réputé avoir manqué à son devoir de conseil si celui qu'il a établi emporte des conséquences juridiques non souhaitées par les clients ; toutefois, cette obligation de conseil, tirée de son rôle d'officier ministériel, est absolue et doit être remplie à l'égard de toute partie à l'acte, aussi est-ce une **obligation légale** et non contractuelle, ce qui explique qu'elle soit fondée sur l'article 1382 du Code civil (ce qui n'est pas le cas lorsque le notaire n'est que le mandataire d'une partie – responsabilité contractuelle alors) ;

– c'est le cas du **plombier** qui a réparé une chaudière qui a pris feu par la suite alors que la réparation n'en était pas la cause ; il aurait dû conseiller à ses clients de la changer en raison de sa vétusté.

III - Obligation de sécurité

Elle tend, elle aussi, à venir au premier plan dans la mise en jeu de la responsabilité de l'entrepreneur.

Là encore, s'**il y a un aléa, l'obligation ne sera que de moyens. En son absence**, c'est une **obligation de résultat**, voire, parfois, de **garantie** (qui ne cède que devant la preuve de la force majeure).

• L'aléa existe si le client a un rôle actif : le skieur qui utilise un remonte-pente, le cavalier qui emprunte un cheval pour faire une promenade (sauf s'il est inexpérimenté).

• L'aléa disparaît dans les phases passives : le même skieur sur le télésiège, le cavalier en exercice à l'intérieur d'un manège (on considère que l'exploitant a alors le contrôle des chevaux).

• Parfois, le critère n'est plus utilisé en raison de la trop grande technicité de la prestation qui efface l'incidence du rôle du client comme il en est pour la SNCF qui est tenue d'une obligation de résultat même pendant la montée et la descente du train par le passager.

• Et cette obligation spécifique de sécurité rejoint celle de la vente lorsque l'entrepreneur fournit aussi une chose ; elle est alors soumise, sous cet angle, notamment au régime des articles 1386-1 s. du Code civil (v. p. 32).

§ 2 - Les obligations du maître de l'ouvrage

Elles sont au nombre de trois :
- prendre **livraison** de la chose,
- **réceptionner** les travaux,
- **payer** l'entrepreneur.

I - Prendre livraison

Elle ne se conçoit que pour les contrats portant sur une chose.

C'est un **acte** purement **matériel** : la livraison consiste à « retirer » la chose.

Elle est, sauf stipulation contraire, **à la charge du maître de l'ouvrage**, ce qui correspond à la règle générale de l'article 1247 du Code civil (la livraison se fait où se trouve la chose au moment de l'obligation).

Le fait pour le maître de l'ouvrage de ne pas retirer la chose dans les délais l'expose à en perdre au bout d'un an (délai coutumier) la propriété pour celles qu'il a confiées (l'entrepreneur peut être autorisé à les vendre aux enchères pour être payé).

II - Réception des travaux

• C'est un **acte juridique** par lequel le maître de l'ouvrage constate la bonne exécution des travaux commandés.

• Elle **libère l'entrepreneur des défauts apparents** des travaux, sauf les réserves qui ont pu être faites.

• Elle **transfert les risques** au maître de l'ouvrage.

• Elle lui **transfère également la garde** de la chose.

• Elle **rend exigible** le paiement du prix.

III - Paiement du prix

Deux hypothèses sont à envisager.

• Le **prix** a été **fixé dans le contrat**.

– Il a pu l'être forfaitairement (« marché à **forfait** ») et l'entrepreneur ne peut réclamer de supplément, même s'il a été contraint d'effectuer des travaux non prévus par lui, même si le coût des matériaux utilisés a sensiblement augmenté (seule une indexation est possible) ; toutefois, en matière de construction, l'article 1793 du Code civil prévoit des aménagements (qui passent par l'accord du maître de l'ouvrage).

– Il a pu être fixé sur *devis*, ce qui garantit à l'entrepreneur d'être payé pour tous les travaux qui y sont mentionnés ; ceux qui devraient être faits en sus donneront lieu nécessairement à un accord du maître de l'ouvrage sur le supplément de prix.

– Ce peut être aussi un **marché au métré** (ou « sur série de prix »). Les travaux sont précisés mais le prix sera fixé conformément à une tarification établie par un organisme indépendant. Après leur exécution, les parties procèdent à leur métrage pour appliquer ce tarif. On peut stipuler un prix maximum (le dépassement sera supporté par l'entrepreneur).

• Le prix n'a **pas été fixé dans le contrat**.

Il est alors fixé par l'entrepreneur une fois sa mission achevée.

Si les parties n'arrivent pas à un accord après l'exécution des travaux, le **juge** a le pouvoir de le fixer lui-même, en se référant aux usages, aux prix pratiqués par la profession. Il a également le pouvoir d'en réviser le montant s'il est excessif (ainsi, pour la fixation des honoraires demandés par un avocat – selon la procédure dite de taxation des honoraires)

§ 3 - Incidence de la directive européenne « services »

Initiée par une première tentative très mal accueillie (proposition du 13 février 2003) en ce qu'elle envisageait que tout prestataire de services restât soumis aux exigences de son pays d'origine et échappât ainsi à la réglementation en vigueur dans le pays d'intervention, la version actuelle – directive n° 2006-123 du 12 décembre 2006 (dite directive « Bolkenstein ») – est davantage nuancée.

Rappelons les grandes lignes de cet instrument qui trace les contours du droit européen de l'entreprise.

I - Champ d'application (article premier)

Elle s'adresse à tous les prestataires de services établis dans un État membre.

Elle ne concerne pas tous les contrats de prestation de services. Sont exclus notamment les contrats de transport, les services de soins et de santé, les notaires et les huissiers de justice (parce qu'ils sont officiers ministériels).

II - Principe de la liberté d'établissement et de circulation des prestataires

L'objectif de la directive est centré sur cette liberté d'établissement : **tout prestataire établi dans un pays membre doit pouvoir offrir ses services dans tous les autres États de l'Union européenne.** L'entrepreneur de demain auquel le maître de l'ouvrage résidant en France s'adressera sera européen en principe, mais il ne sera pas nécessairement celui installé dans le même pays que lui.

Pour assurer cette liberté, sont très encadrées les exigences que chaque pays impose pour l'exercice de la profession, que ce soit :

– pour les autorisations nécessaires (pas de discrimination de principe, l'autorisation doit être justifiée par une raison impérieuse d'intérêt général et doit être proportionnelle à cet objectif d'intérêt général… art. 9 à 13) ;

– pour les exigences particulières, dont certaines sont purement interdites, telle la nationalité, le lieu du siège social, un besoin économique réel, une assurance ou des garanties particulières – art. 14 –, et d'autres qui sont soumises à évaluation de la part des États membres (vérification de leur compatibilité, de leur non-discrimination, nécessité impérieuse d'intérêt général et proportionnalité), tels les tarifs obligatoires (imposant un plancher ou un plafond), l'obligation pour le prestataire de fournir, conjointement à son service, d'autres services spécifiques.

III – Droit applicable

C'est une question fondamentale dès lors que le prestataire peut intervenir dans n'importe quel État membre. Tenant compte de ce que le principe est, pour simplifier, l'application de la loi du pays où est établi le prestataire (art. 4, Règlement Rome I, préc.), la directive précise que :

– l'application des règles locales ne doit pas entraver l'exercice de l'activité à titre indépendant ;

– elles ne peuvent pas imposer des exigences qui restreignent l'utilisation du service fourni par un prestataire établi dans un autre État membre ;

– **mais** chaque État membre autre que celui dans lequel le prestataire est établi peut « **imposer des exigences** *concernant la prestation de l'activité de service lorsque ces exigences sont justifiées par des* **raisons d'ordre public, de sécurité publique, de santé publique ou de protection de l'environnement**… » (art. 16.3).

Cette dernière disposition est essentielle pour garantir au destinataire une protection minimale quant à sa sécurité et à sa santé. De telles lois pourront donc évincer la loi normalement applicable qui serait moins protectrice (mécanisme des lois de police).

La directive ne garantit pas en revanche, elle l'interdit même, une protection des professionnels nationaux contre une concurrence qui s'appuiera sur une différence entre les niveaux de vie (ce qui permet de proposer des prix plus bas).

Ces lignes directrices constituent donc des guides d'interprétation pour la jurisprudence française afin d'assurer la conformité de notre droit à la directive pour tous les secteurs non encore harmonisés.

Section 2 – La sous-traitance

Elle correspond aux hypothèses où la prestation n'est pas, en tout ou partie, exécutée par l'entrepreneur lui-même (entrepreneur principal) mais par un tiers (sous-traitant), également entrepreneur, auquel le premier a fait appel : la sous-traitance est une « *sous-entreprise* ».

Elle est organisée par la **loi n° 75-1334 du 31 décembre 1975**, concernant la sous-traitance dans le cadre de marchés passés avec l'État, les collectivités locales, les établissements et entreprises publiques (régime défini aux articles 4 à 10) et celle passée avec une personne privée dont le régime est défini aux articles 10 s. C'est ce second régime dont on va préciser les grandes lignes : il tend surtout à **protéger le sous-traitant** contre les risques d'insolvabilité de l'entrepreneur principal.

Le régime de ce contrat comporte trois aspects essentiels : l'agrément du sous-traitant par le maître de l'ouvrage, les garanties de paiement offertes au premier, et le régime de responsabilité.

§ 1 – L'agrément par le maître de l'ouvrage

L'agrément est indispensable pour que le sous-traitant puisse faire valoir ses droits. Il concerne deux points.

- L'agrément doit porter **sur la personne** du sous-traitant lui-même.

• L'agrément doit aussi porter **sur les conditions du sous-traité**.

L'agrément doit résulter d'une **attitude non équivoque** du maître de l'ouvrage.

L'obtention de l'agrément est l'affaire de l'entrepreneur principal (art. 3), non du sous-traitant à qui on ne peut reprocher de ne pas s'être fait agréer.

Si le maître de l'ouvrage refuse d'agréer la sous-traitance, l'entrepreneur principal reste tenu :

– par le contrat qu'il a passé avec lui,

– et par le contrat qu'il a pu conclure avec le sous-traitant.

Mais ce dernier a le choix de poursuivre ou non l'opération : le refus lui donne un droit de retrait (art. 3, al. 2).

§ 2 - Les garanties de paiement

Elles sont de deux ordres.

I - Octroi d'une action directe en paiement

Par cette action, le sous-traitant, non payé par l'entrepreneur principal, va pouvoir **agir directement contre le maître de l'ouvrage** pour être payé des travaux effectués par lui.

Elle est prévue aux articles 11 à 13.

• Elle doit être **précédée d'une mise en demeure** de l'entrepreneur principal, délivrée un mois avant et qui est restée infructueuse.

• L'action ne porte que :

– les sommes dues au titre du sous-traité,

– pour des travaux dont a été effectivement bénéficiaire le maître de l'ouvrage,

– dans la limite de ce que le maître de l'ouvrage doit encore à l'entrepreneur principal.

• L'efficacité de l'action directe a été renforcée en jurisprudence car, dans le cas d'un concours entre un sous-traitant et un tiers qui a des droits sur la créance de l'entrepreneur principal (cessionnaire ou affactureur par exemple, bien qu'en principe, cette situation ne doive pas exister car la cession n'est possible que pour des créances correspondant aux travaux faits par l'entrepreneur principal lui-même ou si un cautionnement est fourni – art. 13-1), préférence est donnée au premier.

II - Garanties de paiement

Elles sont imposées « *à peine de nullité du sous-traité* » (art. 14).

• Ce peut être la souscription d'un **cautionnement** donné par un établissement qualifié et agréé. C'est une garantie efficace mais onéreuse (de sorte qu'elle se rencontre rarement en fait).

• Ce peut être, à défaut, une **délégation de paiement**, faite au profit du sous-traitant, par l'entrepreneur principal auprès du maître de l'ouvrage à concurrence des prestations exécutées par le sous-traitant : l'entrepreneur, délégant, charge le maître de l'ouvrage, débiteur délégué, d'acquitter sa dette directement entre les mains du sous-traitant, délégataire.

Cette délégation permet un paiement direct comme l'action directe : elle suppose, pareillement, que le maître de l'ouvrage n'ait pas déjà payé l'entrepreneur principal. Son avantage est de permettre au sous-traitant de s'adresser au maître de l'ouvrage sans attendre la défaillance de l'entrepreneur principal.

§ 3 – Le régime de responsabilité

• Le **lien entre le maître de l'ouvrage et l'entrepreneur principal** est, cela va de soi, de nature contractuelle.

Le recours à la sous-traitance ne libère pas l'entrepreneur principal de ses obligations vis-à-vis du maître de l'ouvrage : « *l'entrepreneur répond des personnes qu'il emploie* » (C. civ., art. 1797).

Il répond ainsi des malfaçons dont le siège se trouve dans les travaux sous-traités avec la même rigueur que pour ceux qu'il a effectués lui-même.

• Le **lien entre le sous-traitant et l'entrepreneur principal** repose sur le contrat de sous-traitance qu'ils ont conclu : il est de nature contractuelle et le premier est tenu vis-à-vis du second des obligations d'un entrepreneur.

• Le **lien entre le maître de l'ouvrage et le sous-traitant** est plus complexe :

– l'action directe ne fait pas naître un lien contractuel entre les deux ; le lien reste de **nature délictuelle pour tout ce qui concerne l'exécution des travaux** ;

– mais pour ce qui concerne les choses qui, dans le cadre des travaux, ont été **vendues** par le sous-traitant, le maître de l'ouvrage peut se prévaloir à leur sujet des **garanties** dues par le vendeur (vices cachés, défaut de sécurité) et cette action est, sous cet angle-là, une **action directe de nature contractuelle.**

Chapitre 2
Les contrats de construction

L'essentiel

Les contrats de construction sont très spécialisés et ne sont tous qualifiés de contrats d'entreprise : la réglementation se distingue par la variété des modèles utilisés (vente, mandat d'intérêt commun ou entreprise). Mais tous se rejoignent sur le régime particulier de responsabilité qui pèse sur le constructeur – et on y retrouve alors la référence au contrat d'entreprise –, ce qui justifie qu'au-delà des techniques contractuelles empruntant leurs traits caractéristiques à divers contrats, ils soient regroupés dans le cadre du présent chapitre.

Section 1 – Les différents contrats de construction

Ils sont essentiellement de trois ordres :

– la vente d'immeubles à construire,
– le contrat de promotion immobilière,
– le contrat deconstruction de maison individuelle.

§ 1 – La vente d'immeuble à construire

Contrat hybride, il emprunte à la technique de la vente ses éléments principaux de formation tout en relevant, pour la responsabilité du « vendeur », du régime prévu pour les constructeurs.

« *La vente d'immeuble à construire est celle par laquelle le vendeur s'oblige à édifier un immeuble dans un délai déterminé par le contrat.* « *Elle peut être conclue à terme ou en l'état futur d'achèvement* [VEFA] » (C. civ., art. 1601-1, reproduit *in* CCH, art. L. 216-1).

Vente à terme ou VEFA, la conclusion du contrat est soumise à un régime identique dont l'essentiel est précisé dans le Code de la construction et de l'habitation (art. L. 261-1 s.). Les effets en diffèrent parfois.

Le régime défini est **impératif dans le secteur protégé** (immeuble à usage d'habitation ou mixte **et** versements de sommes d'argent par l'acquéreur avant l'achèvement de la construction). Il est supplétif dans les autres cas.

Ce régime s'applique aussi pour toute vente d'immeuble à rénover (VIR), et même pour tous les travaux que le vendeur s'engagerait, auprès de son acquéreur, à faire sur le bien vendu (CCH, art. L. 262-1 s.).

I – La conclusion du contrat

Elle se fait en deux temps.

A – La conclusion d'un contrat préliminaire

C'est un « *contrat par lequel, en contrepartie d'un dépôt de garantie effectué à un compte spécial, le vendeur s'engage à réserver à un acheteur un immeuble ou une partie d'immeuble* » (CCH, art. L. 261-15).

Ce contrat (appelé parfois contrat de réservation) précède la conclusion du contrat définitif. Il assure au constructeur un nombre suffisant d'acquéreurs avant de commencer l'opération immobilière. Il est soumis au droit de rétractation prévu par aux articles L. 271-1 et L. 271-2 du Code de la construction et de l'habitation (v. p. 14).

Aucun autre avant-contrat ne peut être signé si on est dans le secteur protégé.

• Ce contrat est nécessairement un **écrit** car il doit comporter des **indications essentielles** : consistance de l'immeuble, qualité de la construction, délais d'exécution des travaux, situation et prix (prévisionnel) du local réservé (CCH, art. L. 261-15, al. 2).

• Les fonds déposés (5 % maximum si la réalisation doit intervenir dans l'année, 2 % si c'est dans les deux ans et aucun dépôt pour un délai plus important – CCH, art. R. 261-28) sont **indisponibles, incessibles et insaisissables** jusqu'à la conclusion de la vente.

• Le non-respect de ces dispositions entraîne la **nullité** du contrat préliminaire et la restitution des sommes versées au réservataire (vendeur).

B – La conclusion du contrat de vente

• C'est nécessairement un **acte authentique** (CCH, art. L. 261-11) à peine de nullité.

• Il doit obligatoirement comporter des **mentions** relatives à
- la description de l'immeuble vendu,
- le prix (définitif) et les modalités de paiement,
- le délai de livraison,
- la garantie d'achèvement ou remboursement des versements en cas de résolution.

II – Régime juridique

Trois aspects essentiels le dominent :
- le transfert de propriété,
- le paiement du prix,
- la garantie d'achèvement ou de remboursement.

A – Le transfert de propriété

Une distinction s'impose :

1. Dans le cas d'une VEFA

Le transfert de propriété a lieu **au fur et à mesure** de l'avancement des travaux par application du principe de l'**accession** : « *la vente en l'état futur d'achèvement est le contrat par lequel le vendeur transfère* **immédiatement à l'acquéreur ses droits sur le sol** *ainsi que la propriété des constructions existantes. Les ouvrages à venir deviennent la* **propriété de l'acquéreur au fur et à mesure de leur exécution**... » (C. civ., art. 1601-3).

Les risques, quant à eux, ne sont transférés qu'à la livraison de l'immeuble.

2. Dans le cas d'une vente à terme

Le **transfert de propriété est retardé au jour de l'achèvement** des travaux : « *la vente à terme est le contrat par lequel le vendeur s'engage à livrer l'immeuble à son achèvement, l'acheteur s'engage à en prendre livraison et à en payer le prix à la date de livraison. Le transfert s'opère de plein droit par la* **constatation par acte authentique** *de l'achèvement de l'immeuble ; il produit ses effets* **rétroactivement** *au jour de la vente* » (C. civ., art. 1601-2).

B – Le paiement du prix

Le prix qui figure nécessairement dans le contrat de vente d'immeuble à construire doit être déterminé ou déterminable. Comme le contrat est conclu avant l'achèvement des travaux, l'article L. 261-11 du Code de la construction et de l'habitation admet la possibilité d'une **clause de « révision »** (indexation en fait), dont l'indice de référence est obligatoirement l'indice INSEE du coût de la construction (BT 01 – art. L. 261-11-1 et R. 261-15).

1. Échelonnement

Les modalités de paiement sont très encadrées.

• **Aucun versement**, autre que le dépôt de garantie, ne peut être exigé **avant** la signature du contrat de **vente.**

• **Après la signature**, le paiement est échelonné en fonction de l'avancement des travaux. Il ne peut excéder :

– 35 % à l'achèvement des travaux,

– 70 % à la mise hors d'eau,

– 95 % à l'achèvement de l'immeuble,

– le solde est versé à la remise du local à l'acquéreur sauf malfaçons, auquel cas il sera consigné.

2. Destinataire des fonds

• Dans la **VEFA,** c'est le **vendeur** lui-même qui reçoit les fonds (en contrepartie du transfert de propriété au fur et à mesure de l'avancement des travaux).

• Dans la **vente à terme**, ils sont versés sur un **compte spécial** et ils sont indisponibles, incessibles et insaisissables. Ces sommes peuvent servir de garantie (**gage espèces**) pour l'obtention d'un prêt.

3. Sanctions en cas de défaut de paiement

• S'il y a une **clause résolutoire** insérée dans le contrat, elle ne peut produire effet qu'**un mois après la sommation** ou le commandement de payer (CCH, art. L. 261-13).

Ce mois permet à l'acquéreur de pouvoir éventuellement saisir le juge pour obtenir un **délai de grâce** (C. civ., art. 1244-1).

• Si le contrat comporte une **clause pénale**, son montant est doublement **limité** : le taux de l'intérêt de retard ne peut dépasser 1 % de l'échéance impayée (CCH, art. R. 261-14, *in fine*) ; les dommages-intérêts forfaitaires sont plafonnés à 10 % du prix.

C – La garantie d'achèvement ou de remboursement

Elle n'existe que pour la VEFA et non la vente à terme car l'acquéreur court le risque d'être propriétaire d'un immeuble inachevé et de devoir faire appel à un tiers qui ne sera pas tenu de respecter le prix fixé initialement.

La garantie prévue est alternative (la substitution de l'une à l'autre étant possible en cours de contrat – CCH, art. R. 261-23) :

– la garantie d'achèvement,

– la garantie de remboursement.

Pour la **VIR**, il n'y a pas le choix : « *la garantie d'achèvement des travaux est constituée par* ***une caution solidaire donnée par un établissement de crédit****, une société de financement ou par une entreprise d'assurance agréée à cet effet* » (CCH, art. L. 262-7 ; v. ci-dessous, 1, b).

1. La garantie d'achèvement dans les VEFA

Selon l'article R. 261-17 du Code de la construction et de l'habitation, elle se dédouble : soit elle résulte des conditions propres à l'opération, soit elle est fournie par un professionnel.

a. La garantie intrinsèque d'achèvement

Elle correspond aux cas où les versements de fonds par l'acquéreur sont en retard par rapport à l'avancement des travaux : les sommes dont l'acquéreur est encore débiteur étant supérieures à la valeur des travaux restant à effectuer, elles sont présumées suffisantes pour assurer l'achèvement de ceux-ci.

Tel est le cas aux hypothèses précisées à l'article R. 261-18 :

– si l'immeuble est hors d'eau et qu'il n'est grevé d'aucun privilège ou hypothèque ;

– ou si les fondations étant achevées, 75 % du financement provient soit de fonds propres du vendeur, soit du produit des ventes déjà effectuées.

b. La garantie extrinsèque d'achèvement

Elle est imposée si les avances faites par l'acquéreur sont supérieures à l'avancement des travaux.

La garantie est alors **donnée par un tiers professionnel** (établissement financier, d'une compagnie d'assurance ou d'un organisme de caution mutuelle) qui s'engage, soit par une ouverture de crédit, soit par un « cautionnement » (CCH, art. R. 261-21) – c'est en réalité une garantie autonome (v. C. civ., art. 2321) selon la jurisprudence – à verser les fonds nécessaires pour l'achèvement de la construction.

Cette garantie est désormais la seule possible également lors de la vente d'un bien immobilier dans lequel le vendeur s'est engagé à faire des travaux, quelle que soit l'importance de ceux-ci (la pratique qui consistait à retenir sur le prix de vente une certaine somme en garantie de cette obligation n'est donc plus conforme à la loi).

2. La garantie de remboursement dans les VEFA

• Elle provient nécessairement d'un des **professionnels** qu'on vient de citer et assure à l'acquéreur d'être remboursé des avances faites par lui.

• C'est nécessairement un **cautionnement.**

• Elle est mise en jeu après la résolution (amiable ou judiciaire) de la vente pour défaut d'achèvement.

§ 2 – Le contrat de promotion immobilière

« *Le contrat de promotion immobilière est un* **mandat d'intérêt commun** *par lequel une personne dite* « promoteur immobilier » *s'oblige envers le maître de l'un ouvrage à faire procéder, pour un prix convenu, au moyen de contrats de louage d'ouvrage, à la* **réalisation d'un programme de construction** *d'un ou plusieurs édifices ainsi qu'à procéder par elle-même ou faire procéder, moyennant une rémunération convenue, à tout ou partie des opérations juridiques, administratives et financières concourant au même objet…* » (C. civ., art. 1831-1).

Dans cette hypothèse, le maître de l'ouvrage est **propriétaire du terrain** (à défaut, il faut recourir à une vente d'immeuble à construire).

I – La conclusion du contrat

• Il faut obligatoirement, sous peine de nullité relative (seul le maître de l'ouvrage peut l'invoquer), qu'un **écrit** soit établi **avant l'exécution** des opérations de construction, mais des études préliminaires peuvent être faites sans écrit préalable.

• Cet écrit doit comporter les **énonciations essentielles** : situation du terrain, caractéristiques de la construction, devis descriptifs, prix convenu, financements, rémunération du promoteur, délai d'exécution et garantie (CCH, art. L. 222-3).

• Le contrat de promotion immobilière est imposé si le terrain appartient à une société d'attribution chargée de faire construire pour le compte des associés et qui leur donne droit, au moment de l'achèvement de la construction et de la liquidation de la société, à l'attribution en propriété d'une partie de l'immeuble construit.

• Ce contrat est hétérogène : **mandat** pour les opérations juridiques nécessaires à la réalisation de l'objet (sur la qualification d'intérêt commun – v. *infra*), il est **pour l'essentiel un contrat d'entreprise**, ce qui explique que la responsabilité du promoteur soit celle d'un constructeur.

II – Les obligations des parties

A – Les obligations du promoteur

1. Les prestations

• Son obligation principale porte sur la **mission** qui lui a été confiée (le « *mandat* ») qui est de faire exécuter et de livrer dans les délais précisés l'ouvrage commandé.

• Il est tenu par le **prix fixé**. Tout supplément reste à sa charge (ce qui démontre qu'il n'est pas un véritable mandataire qui a droit à l'entier remboursement de ses dépenses – C. civ., art. 1999).

• Il doit **rendre des comptes** et justifier de l'emploi des sommes. Si le coût de l'opération est moindre que ce qui était prévu, il en doit le remboursement au maître de l'ouvrage.

• Il répond de ses **fautes** dans les mêmes conditions que tout mandataire (v. p. 114).

2. Les garanties

• Il doit fournir une **garantie financière** de livraison.

Cette garantie est nécessairement une garantie extrinsèque d'achèvement.

• Pèse sur lui une **lourde responsabilité**, celle des constructeurs (v. Section 2).

B – Les obligations du maître de l'ouvrage

1. Obligations vis-à-vis des entrepreneurs

• Le promoteur a fait appel à eux sur le fondement du mandat donné à cet effet par le maître de l'ouvrage.

Dès lors, et par l'effet de **représentation du mandat** (v. p. 112), celui-ci est le cocontractant de ces entrepreneurs et **est tenu par les termes des contrats signés** en son nom.

• Si le promoteur n'a pas respecté les termes du contrat de promotion et qu'il s'ensuit des interventions plus onéreuses que le prix global prévu par le contrat de promotion immobilière, ils ne peuvent en demander la différence au maître de l'ouvrage car ils ont l'obligation de s'informer sur les conditions de l'opération (prix global et engagements déjà pris – CCH, art. R. 222-6).

2. Obligations vis-à-vis du promoteur

• Le maître de l'ouvrage doit **payer le prix de la construction.**

Aucun versement, quel qu'il soit, n'est possible avant la signature du contrat.

Après la signature, ils sont faits au fur et à mesure de l'avancement des travaux, mais ils ne peuvent dépasser 15 % à l'achèvement des fondations et 70 % à la mise hors d'eau.

• Il doit en outre **rémunérer le promoteur** selon une stipulation spécifique dans le contrat.

Cette rémunération suit également l'avancement des travaux (CCH, art. R. 222-8) : 10 ou 25 % de son montant, suivant qu'il y a eu ou non des études préliminaires, au moment de la signature du contrat ; 50 % de son montant à la mise hors d'eau ; 70 % de son montant à l'achèvement des travaux d'équipement ; 90 % de son montant à la livraison du bâtiment au maître de l'ouvrage.

Le solde est consigné sauf si le promoteur a fourni le cautionnement d'un professionnel du crédit ou assimilé.

Sanctions : s'il y a une clause résolutoire, elle est soumise aux mêmes règles que la vente d'immeubles à construire (CCH, art. L. 222-4).

§ 3 – Le contrat de construction de maison individuelle

C'est le contrat de construction qui affiche le plus clairement son appartenance à la famille des contrats d'entreprise.

Il s'applique à « *toute personne qui se* **charge de la construction d'un immeuble à usage d'habitation** *ou d'un immeuble à usage professionnel et d'habitation* **ne comportant pas plus de deux logements** *destinés au même maître de l'ouvrage d'après un plan qu'elle a proposé ou fait proposer...* » (CCH, art. L. 231-1).

Ce contrat concerne aussi les hypothèses de construction d'un bien sans fourniture de plan (CCH, art. L. 232-1).

La **réglementation est d'ordre public** pour lutter contre de nombreux abus : elle a pour objectif de protéger les candidats acquéreurs qui sont en général dans une situation économique fragile (revenus modestes).

I – La réglementation du contrat

A – Énonciations du contrat

Les exigences légales sont particulièrement précises pour les contrats avec fourniture de plan.

• Elles portent sur les **mentions** qui doivent y figurer à peine de nullité du contrat (11 rubriques imposées dans l'article L. 231-2 CCH) : cela va de la désignation du terrain, la consistance et les caractéristiques techniques de la construction, le coût, les modalités de règlement, au permis de construire, la date d'ouverture du chantier, le délai d'exécution, les justificatifs des garanties.

• Une attention particulière est portée sur l'**indication des travaux** qui seront **pris en charge par le constructeur**, compris dans le prix forfaitaire, et le coût des travaux dont le maître de l'ouvrage se réserve l'exécution (point devant faire l'objet d'une mention manuscrite de sa part), étant précisé qu'il dispose d'un délai de quatre mois pour demander au constructeur de les assurer à sa place au prix indiqué dans le contrat (CCH, art. L. 231-7).

• Le maître de l'ouvrage est obligé de souscrire une **assurance dommages-ouvrages** sous peine de nullité du contrat.

• L'article L. 231-3 du Code de la construction et de l'habitation énumère les clauses réputées non écrites (aucun mandat au constructeur pour rechercher le financement, aucune décharge de responsabilité du constructeur qui n'a pas respecté les délais, interdiction de subordonner la remise des clefs au paiement intégral du prix…).

B – Exécution du contrat

• Lorsque le constructeur fournit aussi le plan, les versements que doit faire le maître de l'ouvrage au constructeur sont soigneusement réglementés car ils résultent en général de prêts bancaires :

– aucun mandat ne peut être conféré au constructeur pour percevoir le montant de ces prêts ;

– les paiements faits par le banquier au constructeur au fur et à mesure de l'avancement des travaux requièrent l'accord écrit du maître de l'ouvrage (là encore, ces versements sont plafonnés, v. CCH, art. R. 231-7).

• La réception des travaux se fait selon deux modalités (CCH, art. L. 231-8) :
– soit avec l'assistance d'un professionnel,

– soit le maître de l'ouvrage a un délai de huit jours après la remise des clefs pour dénoncer les vices apparents qu'il n'avait pas signalés lors de la réception.

II - Les garanties

A - La garantie de livraison

• Elle couvre la période qui va de l'ouverture de chantier à la réception des travaux.

• La garantie est, dans le contrat de construction de maison individuelle, nécessairement une **garantie extrinsèque d'achèvement**. Elle comprend notamment :
– le coût des dépassements nécessaires à l'achèvement de la construction ;
– les pénalités forfaitaires pour retard de livraison de plus de trente jours.

• Elle est mise en œuvre après une procédure qui passe par une mise en demeure du constructeur avant de désigner la personne qui y sera substituée.

B - Le contrôle de l'établissement financier prêteur

La règle est originale. Le législateur a délégué à l'établissement financier dispensateur de crédit le **soin de vérifier la conformité** aux exigences légales (CCH, art. L. 231-2) du contrat de construction pour lequel un prêt est sollicité (art. L. 231-10) et de se faire communiquer l'**attestation de garantie de livraison**.

L'établissement de crédit est en outre tenu pour responsable, en cas de défaillance du constructeur, du **non-respect des pourcentages maximums des versements** au fur et à mesure des travaux (v. CCH, art. R. 231-7) si cela résulte d'une clause irrégulière du contrat.

L'établissement de crédit est ainsi le garant de la bonne conduite des constructeurs.

Section 2 - La responsabilité du constructeur

C'est une **responsabilité lourde** qui pèse sur le constructeur, dont le régime est particulier et peut être invoqué nonobstant les dispositions sur la responsabilité du producteur organisée par les articles 1386-1 et suivants (v. C. civ., art. 1386-18).

Le Code des assurances impose que le constructeur soit assuré (art. L. 241-2 – assurance de responsabilité pour dommages liés à la construction de l'ouvrage).

§ 1 - Nature de la responsabilité

• C'est une responsabilité de **plein droit**. On parle à son propos de **garantie** du constructeur.

• Elle ne repose pas sur une présomption de faute mais sur une présomption d'imputabilité. Le bénéficiaire n'a qu'une preuve à rapporter : l'existence de malfaçons.

• Elle s'applique dans les rapports :
– maître de l'ouvrage et entrepreneurs,
– entrepreneur et sous-traitant.

• Le constructeur ne peut en être **exonéré que par la preuve de la « cause étrangère »**, c'est-à-dire la force majeure (fait de la nature – mais les vices du sol n'en sont pas –, cas fortuit ou fait d'un tiers) ou par la preuve de l'immixtion du maître de l'ouvrage (et à condition que ce dernier soit notoirement compétent).

• C'est une **responsabilité d'ordre public** : « *toute clause d'un contrat qui a pour objet soit d'exclure ou de limiter la responsabilité prévues aux articles 1792, 1792-1 et 1792-2, soit d'exclure les garanties prévues aux articles 1792-3 et 1792-6 ou d'en limiter la portée, soit d'écarter ou de limiter la solidarité prévue à l'article 1792-4 est réputée non écrite* » (C. civ., art. 1792-5).

§ 2 - Les conditions de la responsabilité

I - Conditions quant aux personnes

A - Le responsable

• C'est le constructeur.

• « *Est réputé constructeur de l'ouvrage :*

1° Tout architecte, entrepreneur, technicien ou autre personne liée au maître de l'ouvrage par un contrat de louage d'ouvrage ;

2° Toute personne qui vend, après achèvement, un ouvrage qu'elle a construit ou fait construire ;

3° Toute personne qui, bien qu'agissant en qualité de mandataire du propriétaire de l'ouvrage, accomplit une mission assimilable à celle d'un locateur d'ouvrage » (art. 1792-1).

B - Le bénéficiaire

• C'est le maître de l'ouvrage mais qui, vis-à-vis de son acquéreur, s'il vend l'immeuble, est responsable comme un constructeur (C. civ., art. 1792-1, 2°).

• C'est l'acquéreur ou le sous-acquéreur de l'immeuble (dès lors que l'action en garantie n'est pas encore prescrite).

• Mais ce ne sont pas les tiers (tel le locataire du propriétaire de l'immeuble) qui doivent se placer sur le terrain délictuel (C. civ., art. 1382, voire 1386 – responsabilité du propriétaire pour les dommages du fait de la ruine de son immeuble).

II - Conditions quant aux dommages

Ils sont de deux ordres pour la responsabilité du constructeur (C. civ., art. 1792).

• Il y a ceux « *qui* **compromettent la solidité de l'ouvrage** *ou qui, l'affectant dans un de ses éléments constitutifs ou l'un de ses éléments d'équipement, le rendent impropre à sa destination* » (art. 1792).

• La présomption de responsabilité concerne également « *les dommages qui affectent la* **solidité des éléments d'équipement** *d'un* « ouvrage », *mais seulement lorsque ceux-ci font indissociablement corps avec les ouvrages de viabilité, de fondation, d'ossature, de clos ou de couvert* » (art. 1792-2).

• Les autres éléments d'équipement font l'objet d'une garantie de bon fonctionnement.

Parallèlement, le constructeur est tenu :

• de la garantie de **parfait achèvement** qui concerne tous les désordres signalés lors de la réception ou notifiés après au constructeur,

• sans oublier la **responsabilité de droit commun** pour faute contractuelle.

Il faut en outre préciser que les **dommages intermédiaires**, ceux qui portent sur des éléments constitutifs de l'ouvrage sans en compromettre la solidité, ou tout désordre qui ne concerne pas l'ouvrage lui-même (canalisations ou emplacements de stationnement extérieurs) relèvent de la **responsabilité de droit commun**.

III - Les délais pour agir

Ils sont multiples. Chaque source de responsabilité a son propre délai.

• La **garantie d'achèvement** doit être mise en œuvre dans le délai d'**un an**.

• La **garantie de bon fonctionnement** est de **deux ans**.

• La garantie concernant les **désordres affectant la solidité des éléments d'équipement** et celle concernant les **désordres compromettant la solidité de l'ouvrage** doivent être mises en œuvre dans les **dix ans**.

• Les **autres actions en responsabilité** contre le constructeur se prescrivent par **dix ans (art. 1792-4-3)**.

Tous ces délais ont le **même point de départ** : la **date de réception** des travaux.

Pour aller plus loin

Exemples de sujets d'examen

Dissertations

- La responsabilité de l'entrepreneur : obligation de garantie, de résultat, de moyens ?
- Le prix dans les contrats d'entreprise

Sujets d'oraux

- L'obligation d'information de l'entrepreneur
- L'action directe en paiement du sous-traitant
- Les garanties dans les ventes d'immeubles à construire
- Les obligations du maître de l'ouvrage dans le contrat de promotion immobilière
- La responsabilité du constructeur : dommages couverts et délais pour agir

Titre 2
Le mandat

Le mandat est « un acte par lequel une personne donne à une autre le pouvoir de faire quelque chose pour le mandant en son nom » (C. civ., art. 1984).
Le mandat était au départ le service d'ami : c'est le ***contrat intuitu personae*** *par excellence et le Code civil le présume* ***gratuit*** *(C. civ., art. 1986).*
Il est devenu aujourd'hui l'affaire du ***professionnel*** *pour lequel la présomption de gratuité ne joue plus.*
Le rôle du mandat s'est aussi élargi pour faciliter la mise en place d'opérations reposant à titre principal sur d'autres contrats : le mandat est le « contrat à tout faire » (Ph. Le Tourneau) du droit moderne.
Après avoir exposé les règles de droit commun, on verra des illustrations particulières de la technique du mandat : les mandats d'affaire (agent immobilier et agent commercial) et les mandats « propter personam » (mandat de protection future et mandat à effet posthume).

Chapitre 1
Le droit commun du mandat

L'essentiel

Conséquence du mécanisme de représentation opérée par le mandat, la capacité quant au pouvoir de conclure l'acte principal s'apprécie en la personne du mandant et non de celle du mandataire, non engagé, qui peut être un mineur non émancipé (C. civ., art. 1990), voire un incapable majeur s'il a un discernement suffisant. Mais l'incapacité est opposable au mandant (ibid.).

Opération conclue pour le compte d'un autre, le mandat ne doit pas être confondu avec des contrats qui ont aussi cet objet.

*• **Ce n'est pas un contrat de commission** car le commissionnaire (en douane, de transport par ex.) agit en son nom (et non au nom de celui qui fait appel à ses services), même si son rôle d'intermédiaire est parfaitement connu des tiers avec lesquels il contracte. Il est engagé personnellement mais le commettant (celui pour lequel il agit) a un droit direct contre le tiers contractant si l'existence de la commission est dévoilée.*

*• **Ce n'est pas non plus un contrat de prête-nom** par lequel une personne (« homme de paille ») agit au nom d'une autre sans révéler sa qualité d'intermédiaire mais à laquelle elle va ensuite rétrocéder le bénéfice du contrat (double mutation). Si les tiers apprennent l'identité du donneur d'ordre, ils peuvent agir contre lui (comme dans la simulation, ils peuvent invoquer l'acte ostensible ou l'acte occulte).*

*• **Ce n'est pas davantage une déclaration de command** car dans celle-ci, bien que l'interposition de personne ne soit pas occulte, le nom du command n'est pas révélé au moment de la conclusion du contrat. Dans les ventes immobilières (où on la rencontre souvent), la révélation doit intervenir dans les 24 heures de l'acte sinon fiscalement, il y a double mutation (et donc double perception de droits). Dans les autres cas, elle est faite dans le délai stipulé (en général très court) sinon c'est une double vente.*

*• **Ce n'est pas enfin un courtage** dans lequel le courtier se borne à rapprocher les deux parties mais ne conclut pas de contrat à leur place (ex courtage matrimonial).*

L'étude du mandat portera sur :

– sa forme,

– ses effets,

– les causes de son extinction.

Section 1 – La forme du mandat

§ 1 – Contrat consensuel ou nécessité d'un écrit ?

• Le mandat est en principe un **contrat consensuel.**

• Mais on applique pour lui le **parallélisme des formes** : si le contrat pour lequel mandat est donné requiert, pour sa validité, un écrit, voire un acte notarié (ex. constitution d'une hypothèque pour une personne physique), le mandat doit avoir la même forme. Si une mention manuscrite doit figurer, à peine de nullité, dans l'acte principal (ex. C. consom., art. L. 341-2 pour les cautionnements consentis par des personnes physiques au profit de créanciers professionnels), cette mention figurera dans le mandat.

• L'écrit est parfois exigé pour certains **mandats spécifiques** (ex. celui de l'agent immobilier ; v. *infra*).

§ 2 - Mandat exprès ou mandat tacite ?

• Si le mandat porte sur des **actes d'administration**, il peut n'être que **tacite.**

• Parfois, la loi pose une présomption de mandat tacite (rapports entre époux, entre coindivisaires).

• Mais dès lors qu'il s'agit « *d'**aliéner ou hypothéquer**, ou de quelque autre acte de propriété, le mandat doit être* **exprès** » (C. civ., art. 1988, al. 2).

§ 3 - Mandat général ou mandat spécial ?

• Le mandat est « ***général... pour toutes les affaires** du mandant* » (C. civ., art. 1987).

• « *Le mandat conçu en termes généraux n'embrasse* **que les actes d'administration** » (C. civ., art. 1988). Ce type de mandat est en général tacite.

• Le mandat est **spécial** « ***pour une affaire ou certaines affaires seulement*** » (C. civ., art. 1987). Il concerne donc des actes limitativement précisés. Il est souvent exprès (sans que cela soit indispensable).

• S'il s'agit de représentation en justice ou d'initier une procédure judiciaire, un mandat exprès et spécial (**mandat *ad litem***) est nécessaire (sauf pour les avocats).

Section 2 - Les effets du mandat

L'effet essentiel du mandat est la **représentation** qui fait du mandant le cocontractant du tiers.

La mission dévolue au mandataire par le mandant suppose de part et d'autre le respect d'obligations déterminées.

À noter : dans une **relation à caractère international**, régie par la **convention de La Haye du 14 mars 1978** sur la loi applicable aux contrats d'intermédiaire et à la représentation, le mandat est soumis à la loi du pays où l'intermédiaire a son établissement s'il n'y a pas eu de choix de loi. La convention confirme le principe d'application de cette *lex contractus* même si les parties ont choisi une loi autre que celle du pays où l'intermédiaire exerce sa profession dans les rapports *inter partes*, mais elle impose la primauté de la loi du pays où l'intermédiaire a son établissement dans les rapports avec les tiers (notamment quant à l'étendue les pouvoirs de l'intermédiaire).

§ 1 – La représentation du mandataire

Affirmer que le mandat opère une représentation implique deux conséquences :

– le mandant est le cocontractant du tiers ;

– le mandataire n'a pas de lien de droit avec le tiers.

I – L'engagement du mandant dans les termes du contrat

Comme toute partie à un contrat, bénéficiaire des éventuelles créances qu'il fait naître et qui tombent dans son patrimoine, le mandant est tenu d'en respecter les conditions telles qu'elles ont été acceptées en son nom par le mandataire.

Toutefois, des garde-fous sont prévus pour que le mandant ne soit pas tenu au-delà de ce qui était prévu dans le mandat. Le mandant a cependant toujours la faculté de ratifier l'acte irrégulier (C. civ., art. 1998, al. 2).

• **Le dépassement de pouvoirs** (acte non prévu dans le mandat) par le mandataire n'engage pas le mandant s'il porte sur des actes pour lesquels un mandat exprès était nécessaire car le tiers aurait dû vérifier les pouvoirs du mandataire.

• **Le détournement de pouvoirs** (acte accompli dans une autre finalité que celle prévue) suppose, pour que le mandant ne soit pas tenu, que le tiers soit de mauvaise foi (la Cour de cassation parle de « concert frauduleux »).

• **L'absence de pouvoirs** (acte fait sans mandat) libère le mandant de toute obligation. L'acte lui-même est nul.

Il faut réserver cependant l'**application éventuelle de la théorie de l'apparence** qui, si les conditions sont réunies (apparence de mandat et croyance légitime du tiers dans les pouvoirs du représentant), engagera le « mandant » dans les termes du contrat conclu. Le **mandat apparent**, qui laisse aux juges un large pouvoir d'appréciation quant à la légitimité de l'erreur du tiers (on tient compte de ses compétences – profane ou non –, de la nature de l'acte – gratuit ou à titre onéreux –, et de la qualité professionnelle ou non de l'intermédiaire), peut conduire à une véritable expropriation privée du titulaire (le mandant) du droit qui va devoir le céder. Il ne dispose alors que d'un recours en responsabilité (contractuelle si c'est un dépassement de pouvoirs, délictuelle en cas d'absence de mandat) contre l'intermédiaire.

II – Absence de lien juridique entre le mandataire et le tiers

• N'étant pas partie juridiquement au contrat, **le mandataire ne peut être tenu des obligations contractées** au nom du mandant.

• S'il commet des fautes dans l'exercice de son mandat et que le tiers en subit un préjudice, sa **responsabilité peut être recherchée par ce dernier sur le terrain délictuel** (C. civ., art. 1382).

• Si le mandataire est un professionnel, la jurisprudence retient facilement sa responsabilité (pour défaut de conseil vis-à-vis du tiers, pour ne pas avoir vérifié l'efficacité des actes qu'il conclut ès qualités).

§ 2 - Les obligations des parties au mandat

I - Les obligations du mandant

Le mandat est un contrat unilatéral s'il est gratuit. Il n'engendre alors qu'une obligation accessoire de remboursement et en indemnisation des pertes subies par le mandataire.

Mais il est synallagmatique s'il est onéreux, ce qui est le cas lorsque le mandataire est un professionnel.

A - Le remboursement des dépenses

• Le mandat a l'obligation de rembourser le mandataire de ses « **avances et frais** » (C. civ., art. 1999).

• L'obligation de remboursement ne dépend pas de la réussite de la mission.

• Elle existe quel que soit le montant de ces frais.

• Cette règle trouve à s'appliquer en présence d'un **sous-mandat** (ce qui est licite, C. civ., art. 1994, sauf s'il y a un trop fort *intuitus personae*). Le mandataire peut agir contre le mandant en remboursement de ses frais sans que ce dernier puisse lui opposer le fait qu'il a déjà indemnisé le mandataire initial de ses propres frais.

B - L'indemnisation des pertes

• Le mandant a l'obligation d'**indemniser** le mandataire **des pertes subies** par lui (C. civ., art. 2000).

• Cette obligation s'applique pour les pertes de gestion dans le cadre d'une activité professionnelle, même pour celles qui sont imprévisibles.

• **La règle n'est toutefois pas d'ordre public** et les parties peuvent l'exclure par une clause explicite portant clairement sur la question de la charge des pertes, mais aucune décharge ne peut exonérer le mandant de ses fautes dûment constatées.

• L'indemnisation est exclue en cas d'imprudence prouvée du mandataire.

C - Le règlement des honoraires

La rémunération du mandataire est présumée dès lors que c'est un professionnel. Elle doit être stipulée dans les autres cas.

• La rémunération peut être soit **forfaitaire**, soit fixée selon un **pourcentage** du montant de l'opération, avec la possibilité de la faire dépendre du succès de celle-ci.

• Elle peut être **fixée à l'avance** mais ce n'est pas une condition de validité du contrat et elle peut donc être **fixée après l'exécution de la mission. Dans le premier cas, elle peut être réduite par le juge si elle apparaît excessive.**

• Elle est **due que la mission soit ou non couronnée de succès**. Mais la faute du mandataire peut justifier qu'elle soit réduite, voire, selon les cas, exclue.

• Le mandataire dispose, pour se faire payer, d'un **droit de rétention** sur les choses appartenant au mandat et qui seraient entre ses mains.

II – Les obligations du mandataire

Le Code civil en prévoit deux que la jurisprudence a développées.

A – L'exécution de la mission

Elle suppose :

– l'exécution de la **prestation prévue** au mandat conformément aux instructions données ;

– une **loyauté** de la part du mandataire qui doit veiller aux intérêts de son mandant, ce qui lui interdit de se porter contrepartie à l'opération (il ne peut acquérir ainsi le bien qu'il a en charge de vendre) ;

– un **devoir de conseil** au profit du mandant lorsque le mandataire est un professionnel (en principe, obligation de moyens, mais la faute est souvent présumée).

Dans le cadre de cette obligation, le mandataire répond de sa **faute** (C. civ., art. 1992, al. 1er).

• Elle est appréciée plus sévèrement si le mandataire est rémunéré.

• En fait, dans ce cas de figure, l'échec de la mission fait présumer une faute.

• Si l'accomplissement de la mission n'est pas affecté d'un aléa, le mandataire ne peut être exonéré que par la preuve de la force majeure, sauf s'il a garanti le résultat (engagement de ducroire), auquel cas il ne peut jamais être exonéré.

• Si, en revanche, la mission est empreinte d'un aléa, la preuve d'une absence de faute de sa part suffit à l'exonérer.

• L'existence d'un aléa est moins facilement admise lorsque le mandataire est un professionnel.

B – La reddition des comptes

« *Tout mandataire est* **tenu de rendre compte de sa gestion** *et de faire raison au mandant de tout ce qu'il a reçu en vertu de sa procuration, quand même ce qu'il aurait reçu n'eut point été dû au mandant* » (C. civ., art. 1993).

Le mandataire ne peut s'enrichir (autrement que par son éventuelle rémunération) du fait de l'exécution du mandat : les encaissements et les dépenses doivent être détaillés.

Elle concerne également la restitution de tout ce que le mandant avait pu confier au mandataire pour l'exécution de la mission (documents par ex.).

Le mandant peut en **dispenser** le mandataire. Cette dispense peut même être **tacite** et résulter des circonstances de la cause : des liens particuliers unissant les parties peuvent ainsi justifier une telle dispense, tels ceux qui unissent des époux sans que l'on puisse généraliser à toute forme de vie commune (même celles sous forme de PACS). Si le mandataire a profité de l'encaissement de sommes d'argent, il en doit l'intérêt à son mandant du jour de cet emploi (C. civ., art. 1996), ce qui n'exclut pas des dommages-intérêts supplémentaires s'il est de mauvaise foi et si le mandant en a subi un préjudice que l'intérêt seul ne peut compenser.

Section 3 - L'extinction du mandat

L'article 2003 du Code civil prévoit trois causes d'extinction du mandat, les deux premières relevant de la volonté de l'une ou l'autre partie, la dernière dépendant d'un événement objectif :

- la révocation du mandataire,
- la renonciation du mandataire au mandat,
- la mort ou l'incapacité de l'une des parties.

§ 1 - L'extinction par la volonté des parties

Lorsqu'il est à **durée indéterminée** (indication d'aucune durée, expressément ou se déduisant de la nature de la mission confiée), l'interdiction des engagements perpétuels oblige à admettre la possibilité pour l'une ou l'autre partie de pouvoir y **mettre fin unilatéralement** (moyennant le respect d'un préavis) conformément au droit commun des contrats à durée indéterminée.

Si le mandat est à **durée déterminée**, en revanche, celui-ci ne devrait prendre fin qu'à l'**arrivée du terme**, sauf prorogation voulue par les parties ou sauf dispositions législatives contraires.

Malgré tout, à durée déterminée ou indéterminée, le mandat reste par principe révocable dès lors que l'une des parties veut en être déliée.

Ce principe connaît un aménagement (mais non une dérogation) dans le cas où le mandat est stipulé irrévocable.

I - La résiliation unilatérale du mandat

A - La renonciation par le mandataire

L'article 2007 du Code civil, qui en admet le principe sous réserve d'une notification faite au mandant, précise cependant que le mandataire devra **indemniser** le mandant du préjudice qu'il en résulterait pour lui, « *à moins que celui-ci* [le mandataire] *ne se trouve dans l'impossibilité de continuer le mandat sans éprouver lui-même un préjudice considérable* » (al. 2). Le mandant n'a pas le pouvoir de contraindre le mandataire à exécuter le mandat.

B - La révocation du mandataire

Elle est possible au regard de la nature foncièrement *intuitu personae* du mandat : le mandat ne peut survivre à la disparition de la confiance.

• La révocation n'a pas à être justifiée : elle se fait ***ad nutum*** (sans motifs à donner).

• Le mandataire, sauf statuts légaux spécifiques, n'a **pas le droit à indemnisation** du fait de cette révocation, sauf abus de droit du mandant.

• Elle ne prend effet vis-à-vis des tiers que du jour où ils en ont connaissance (C. civ., art. 2005).

II – Tempéraments à la libre révocation

Ils sont de deux types mais **en aucun cas, on ne peut empêcher la révocation du mandat** : la confiance sur laquelle ce contrat repose interdit de forcer la volonté du mandant qui ne veut plus être représenté par le mandataire. Simplement, le mandant devra alors **indemniser** le mandataire du préjudice subi par celui-ci.

A – Le mandat stipulé irrévocable

La clause d'irrévocabilité peut être insérée dans un mandat, à condition qu'il soit à **durée déterminée** et sous réserve, pour certains mandats particuliers, de dispositions législatives la prohibant.

• Le **droit à indemnisation du mandataire** n'est alors pas contestable si le mandant ne respecte pas la clause.

• Il cesse cependant en présence d'une faute du mandataire ou d'un événement de force majeure.

B – Le mandat d'intérêt commun

Construction prétorienne, cette qualification conduit à imposer au mandant qui ne veut plus de son mandataire une indemnisation au profit de ce dernier.

Elle est retenue pour des mandats à durée déterminée ou à durée indéterminée.

La **notion d'intérêt commun** (appréciée par les juges) suppose :

– que les deux parties aient **l'une et l'autre un intérêt à la réalisation** de l'opération,

– étant précisé que cet intérêt pour le mandataire, n'est pas dans la rémunération qu'il perçoit,

– l'**affaire commune**, telle l'indivision, est un exemple qui a été retenu en jurisprudence, ou encore le contrat de promotion immobilière (art. 1831-1, v. *supra*),

– le **développement d'une clientèle** commune l'est également comme il a été longtemps décidé pour les agents commerciaux avant que la loi (Décr. n° 58-1345 du 23 décembre 1958, puis L. n° 91-593 du 25 juin 1991 – v. C. com., art. L. 134-4) n'en fasse une qualification législative évinçant ainsi toute incertitude ; ce critère joue actuellement pour qualifier d'intérêt commun le mandat conclu entre la société de presse et son diffuseur.

L'indemnité n'est pas due si :

– le mandataire a commis une **faute ;**

– il existe une **cause légitime**, celle-ci pouvant trouver sa source dans la réorganisation de l'entreprise ;

– une **clause** insérée au contrat prévoyant **expressément** une révocation sans indemnité.

§ 2 – L'extinction en raison d'un événement objectif

I – Le décès

Selon l'article 2003 du Code civil, il emporte extinction du mandat, qu'il soit le fait de l'une ou l'autre partie.

Si ce texte envisage aussi la mort civile des parties, ce n'est que par anachronisme puisque celle-ci a été abolie par une loi du 31 mai 1934.

A – Le décès du mandant

• Le décès du mandant ne dispense pas le mandataire « *d'achever la chose commencée au décès du mandant, s'il y a péril en la demeure* » (art. 1991).

• De même, « *si le mandataire ignore la mort du mandant..., ce qu'il a fait dans cette ignorance demeure valide* » (art. 2008).

B – Le décès du mandataire

• Il entraîne pareillement l'extinction du mandat car le contrat est conclu *intuitu personae* et ne se transmet pas aux héritiers.

• Mais les héritiers « *doivent en donner avis au mandant et pourvoir, en attendant, à ce que les circonstances exigent pour l'intérêt de celui-ci* » (art. 2010).

• Les parties peuvent néanmoins stipuler que le mandat ne s'éteindra pas à la mort du mandataire, ce qui obligera ses héritiers à poursuivre son exécution.

II – L'incapacité

L'article 2003 vise l'incapacité du mandant ou du mandataire majeur mis en tutelle comme cause d'extinction du mandat (v. cependant, pour une exception, le mandat de protection future prenant effet au jour où survient l'incapacité – C. civ., art. 477, v. p. 124).

La règle s'applique également aux mandats de nature irrévocable.

III – La procédure collective

Là encore, l'article 2003 en parlant de *déconfiture* apparaît d'un autre temps.

En fait, la règle est un peu plus complexe que ne le laisse supposer le texte.

Il n'y a **pas de cause automatique de résiliation** des contrats du fait de la survenance d'une procédure collective. Tout dépend si l'administrateur, dans la période d'observation, décide ou non de poursuivre le mandat (C. com., art. L. 622-13). Puis, suivant l'option prise, redressement ou liquidation judiciaire, le sort du mandat suit celui des contrats de l'entreprise : maintenu en principe dans le premier cas mais exécuté sous l'égide de l'administrateur, il est logiquement résilié dans le second, sauf s'il fait partie des éléments d'actifs cédés à un tiers.

Chapitre 2
Mandats particuliers

L'essentiel

Parmi les différentes variétés de mandats qui font l'objet d'une réglementation spécifique, on retiendra deux grandes catégories, l'une ayant trait aux mandats d'affaire (contrat d'agence immobilière, parce qu'il est en liaison étroite avec la conclusion d'une vente immobilière vue plus haut, et le mandat d'agence commerciale l'un et l'autre d'un usage fréquent), l'autre ayant trait aux mandats propter personam (mandat de protection future et mandat à effet posthume dont on peut imaginer qu'ils se développeront à l'avenir au vu du vieillissement de la population).

Section 1 – Les mandats d'affaire

Parmi la multitude des professions où le mandat constitue l'activité essentielle du professionnel (agents d'assurances, agences de voyages…), on en verra deux : celui de l'**agent immobilier** et celui de l'**agent commercial**, l'un et l'autre modèles originaux du mandat.

§ 1 – Le « mandat » de l'agent immobilier

La profession d'agent immobilier est réglementée par la loi n° 70-9 du 2 janvier 1970 (dite loi Hoguet) et son décret d'application n° 72-678 du 20 juillet 1972.

L'agent immobilier est l'**intermédiaire professionnel**, rémunéré par une « commission », qui met en relation des acheteurs et des vendeurs de biens immobiliers ou négocie entre les parties la location de tels biens. Il adjoint souvent une activité de gestion d'immeubles ou de mandataire de cession de fonds de commerce.

• L'agent immobilier n'est **pas un marchand de biens** car il agit non pour son compte mais en vertu d'un mandat pour le compte d'autrui.

• L'agent immobilier peut n'être qu'un **courtier (il n'est pas vraiment alors le mandataire de l'une des parties)**, s'il n'a pour mission que de mettre en relation des parties sans pouvoir conclure un acte en leur nom ; mais **la loi Hoguet l'envisage avant tout comme un mandataire.**

La profession est strictement encadrée :
- quant aux conditions d'exercice ;
- quant aux conditions de perception de la commission ;
- quant à la responsabilité qui pèse sur l'agent immobilier.

I – Conditions d'exercice de la profession

Elles peuvent être regroupées en deux points : l'aptitude professionnelle et la réglementation de la profession.

A - L'aptitude professionnelle

L'agent immobilier est un **commerçant** (son agence constitue un fonds de commerce) qui doit justifier :

– d'un des **diplômes** énumérés à l'article 11 du décret du 20 juillet 1972 (licence en droit, diplôme de premier clerc ou de notaire, brevet professionnel des professions immobilières...), ou, à défaut, d'une expérience professionnelle dans certains emplois (art. 12 et 14 Décr.) ;

– d'une **carte professionnelle** spéciale délivrée par la préfecture du lieu de l'établissement ; le décret du 20 juillet 1972 (art. 1er) en prévoit de trois sortes, la carte T (pour les transactions sur immeubles et fonds de commerce), la carte « gestion immobilière » pour y adjoindre les activités complémentaires de gestion des biens et celle de « marchand de biens » si l'agent immobilier vend des listes ou des fichiers relatifs à l'achat, la vente ou la location de biens immeubles (bâtis ou non bâtis) ;

– d'une **garantie financière** pour garantir le remboursement des fonds qu'il détient remis pour le compte de tiers (tel l'acompte dans le cadre d'un compromis) ; elle résulte d'un cautionnement fourni par un établissement bancaire ou une compagnie d'assurances agréée à cet effet ; si l'agent est titulaire des deux cartes, il doit fournir deux garanties distinctes ; il pèse sur l'organisme qui apporte son cautionnement un devoir de contrôle sur l'agent immobilier ;

– d'une **absence d'incapacité résultant d'une des condamnations** visées à l'article 9 de la loi Hoguet (vol, escroquerie, abus de confiance...), de délits de nature commerciale ou encore pour démarchage illégal ; elle peut également résulter d'une « faillite » personnelle, d'une interdiction de diriger, de gérer ou d'administrer une entreprise commerciale, ou encore d'une destitution, d'une révocation ou d'une radiation d'un ordre professionnel.

B - La réglementation de l'activité d'agent immobilier

• Déclaration préalable à la préfecture.

• Tenue d'un registre-répertoire relatant tous les versements qui sont faits à quelque titre que ce soit.

• Ouverture d'un compte bancaire spécial réservé aux remises de fonds des clients.

• Tenue d'un registre des mandats, répertoriés et numérotés.

• Respect de la publicité commerciale.

• Affichage obligatoire dans les locaux de l'agence du numéro de la carte professionnelle, du montant de la garantie souscrite et du nom du garant, ainsi que les modalités de fixation de la rémunération de l'agent immobilier.

II - La rémunération de l'agent immobilier

A - Conditions de la rémunération

Elle suppose l'existence d'un mandat valable et une intervention réelle de l'agent immobilier.

1. L'exigence d'un mandat valable

Caractéristiques. Elles sont définies par la loi Hoguet et son décret d'application (L., art. 6 et Décr., art. 72).

• C'est nécessairement un **écrit,**

– qui comporte, sous peine de nullité, des **indications précises** quant à l'objet de la mission, le versement des fonds et la rémunération de l'agent immobiliers (L., art. 6),

– qui est **limité dans le temps**, sous peine là encore, de nullité (L., art. 7).

• Il peut être simple (l'agent n'a pas l'exclusivité de la vente) ou exclusif, auquel cas il peut être dénoncé à tout moment au bout de trois mois moyennant le respect d'un préavis de 15 jours (Décr., art. 78).

• L'agent peut être titulaire pour la même affaire de deux mandats, l'un du vendeur, l'autre de l'acheteur, et ainsi percevoir une double rémunération (sous réserve d'avoir défendu les intérêts de l'un et de l'autre).

2. Une intervention effective

• Elle doit être **régulière**, c'est-à-dire en vertu d'un mandat répondant aux exigences légales ; un bon de visite, que l'agent immobilier fait signer aux candidats acquéreurs d'un bien, ne suffit pas à fonder son droit à rémunération.

• L'intervention doit avoir été **essentielle** et correspondre à un véritable travail de l'agent.

• Elle doit déboucher sur une **opération « effectivement conclue** *et constatée dans un seul acte contenant l'engagement des parties* » (L. art, 6, 3e al.), ce qui suppose, pour les ventes immobilières, que l'acte authentique de vente ait été signé. Néanmoins, si l'une des parties s'est trouvée contrainte, face au refus de son cocontractant de le signer, de faire constater en justice que la vente était parfaite du fait de la signature d'un acte sous-seing privé (« compromis ») et en a obtenu l'exécution forcée, l'opération est considérée comme effectivement réalisée. Si la vente vient cependant à être annulée, la commission n'est pas due (et doit être remboursée). La résolution de la vente ne remet pas en cause en revanche le droit à commission.

B – Le paiement de la rémunération

• Les parties peuvent fixer une **somme forfaitaire ou un pourcentage** en fonction du prix de la vente du bien.

• Elle est en principe à la charge du mandant qui est en général le vendeur, mais, pour des raisons fiscales (diminution de l'assiette des droits de mutation), elle peut être mise à la charge de l'acheteur (lequel signera alors un mandat de recherche pour asseoir le droit à commission de l'agent).

• L'agent ne peut prétendre, et sous réserve qu'il en remplisse les conditions, qu'à la **commission stipulée dans le mandat**. Le montant peut être toutefois **soumis au contrôle du juge s'il a été stipulé avant l'exécution** de la mission.

• L'agent immobilier ne bénéficie d'aucun privilège ni droit de rétention pour garantir le paiement de sa rémunération.

III – La responsabilité de l'agent immobilier

Elle découle à la fois du droit commun du mandat (C. civ., art. 1984 s.) et de la loi Hoguet (ainsi que de son décret d'application).

En tant que **mandataire professionnel**, pèsent sur lui les obligations précédemment vues découlant des articles 1984 s. du Code civil et **appréciées plus sévèrement**t que pour le mandataire occasionnel (v. *supra*). Rappelons notamment qu'il doit veiller aux intérêts de son mandant, obligation dont le respect devient délicat lorsqu'il est titulaire, pour la même opération, d'un double mandant (il doit alors veiller aux intérêts, souvent divergents, de l'une et de l'autre des parties).

NB. Hormis ces règles générales, notons quelques aspects importants.

• L'existence d'une **faute est facilement retenue**. Sous couvert d'un manquement à un devoir de conseil, l'agent immobilier peut voir sa responsabilité engagée pour ne pas avoir éclairé les parties sur les risques de l'opération ou sur la portée de leurs engagements et la jurisprudence fait peser sur lui une présomption irréfragable de connaissance de l'information qui aurait dû être délivrée.

• Sa responsabilité reste, dans le cadre contractuel (dans ses rapports avec le mandant), fondée sur une **obligation de moyens** mais la faute est facilement admise. Dans ses relations avec les tiers, même si elle est de nature délictuelle, les solutions en réalité sont très proches en raison de sa qualité de professionnel (la faute légère, voire la négligence suffisent pour retenir sa responsabilité).

• Sa responsabilité n'est pas amoindrie du fait de l'intervention d'un notaire qui a pu concourir aux manquements reprochés.

• Elle est alourdie s'il est chargé par les parties de la rédaction de l'acte (promesse pour une vente d'immeuble, cession de fonds de commerce, rédaction d'un bail…) ; l'agent immobilier est, dans ce cas, responsable des formalités subséquentes que l'acte implique (enregistrement, inscription d'un privilège).

• Enfin, l'agent immobilier encourt également une responsabilité pénale en raison des fonds et des valeurs qui lui sont confiés (détournements de fonds, faits d'escroquerie ou abus de confiance) ou pour publicité trompeuse (mentions erronées ou absence d'informations essentielles). Rappelons que les clients bénéficient pour la restitution des sommes versées de la garantie financière que l'agent immobilier doit nécessairement souscrire.

§ 2 – Le mandat de l'agent commercial

L'agent commercial est un intermédiaire dans le commerce. Cette activité n'est cependant pas commerciale mais **civile.**

Cette activité de représentation est une forme courante dans le monde pour assurer la distribution des produits ou des services, à commencer en Europe, et une directive européenne de 1986 est venue harmoniser les conditions de cette activité professionnelle, directive transposée en droit français en 1991. Ce sont les articles L. 134-1 s. du Code de commerce qui définissent les conditions de l'exercice de la profession et, point essentiel de l'intervention législative, les droits de l'agent commercial quant aux commissions auxquelles il peut prétendre et quant aux conséquences de la rupture de la relation avec son mandant. Les règles sont d'ordre public sauf si l'activité d'agence commerciale n'est que l'accessoire d'une autre activité convenue avec l'entreprise.

I – L'exercice de la profession d'agent commercial

• Qu'il soit personne physique ou morale, c'est un **mandataire** qui agit au nom et pour le compte d'une entreprise et n'a pas la qualité de commerçant (pas de clientèle propre, pas de fonds de commerce). Il est cependant immatriculé sur un registre spécial tenu au greffe du tribunal de commerce mais ce n'est pas une condition pour qu'il puisse bénéficier du statut.

• L'écrit n'est pas une condition de validité du contrat d'agent commercial. Toute partie peut toutefois en exiger un (C. com., art. L. 134-2).

• Il exerce **à titre permanent.**

• Il agit **en toute indépendance**, ce qui le distingue d'un VRP (voyageur-représentant-placier) qui, lui, est salarié des entreprises qu'il représente.

• En tant que mandataire, il est tenu des obligations classiques tenant à l'accomplissement de sa mission (il doit agir en « bon professionnel » mais le mandant doit mettre l'agent commercial en mesure d'exécuter son mandat – C. com., art. L. 134-4) et de reddition des comptes auprès de ses mandants (v. p. 114).

• Il n'est pas dans une relation exclusive avec un seul mandant (il peut accepter sans autorisation la représentation de nouveaux mandants – C. com., art. L. 134-3). Toutefois, il ne peut accepter la représentation d'une entreprise concurrente de celle de l'un de ses mandants sans accord de ce dernier (*ibid.*).

• Son intérêt personnel dans l'exploitation de la clientèle de ses mandants a été vite reconnu et son mandat a été qualifié de **mandat d'intérêt commun** (décret de 1958 entérinant l'analyse de la jurisprudence) ce qui se trouve réaffirmé à l'article L. 134-4 du Code de commerce.

• Tout au long de l'exécution du mandat, pèsent sur les deux parties une obligation de **loyauté** et un **devoir réciproque d'information** (C. com., art. L. 134-4).

II – Les droits reconnus à l'agent commercial

A – Le droit à commission

• Elle est due dès que **le mandant a exécuté l'opération** ou devrait l'avoir exécutée en vertu de l'accord conclu avec le tiers ou bien encore dès que le tiers a exécuté l'opération (C. com., art. L. 134-9).

• Elle est calculée selon un **pourcentage,** fixé dans le contrat, des affaires traitées. Si rien n'est indiqué, « *l'agent commercial a droit à une rémunération conforme aux usages pratiqués, dans le secteur d'activité couvert par son mandat, là où il exerce son activité ; en l'absence d'usages, l'agent commercial a droit à une rémunération raisonnable qui tient compte de tous les éléments qui ont trait à l'opération* » (C. com., art. L. 134-5)

• l'agent commercial a **droit à sa commission si l'opération a été conclue grâce à son intervention** ou si elle l'a été avec un tiers dont il a obtenu antérieurement la clientèle pour des opérations du même genre. Ce droit à commission est aussi affirmé pour toute opération avec une personne appartenant à ce secteur ou à ce groupe dont l'agent commercial a été chargé (C. com., art. L. 134-6).

• Elle est encore due **pour toute opération commerciale conclue après la cessation du contrat** d'agence, lorsque **l'opération est principalement due à son activité au cours du contrat** d'agence et a été conclue dans un délai raisonnable à compter de la cessation du contrat.

B – La fin de la relation

• La qualification de mandat d'intérêt commun a permis à l'agent d'obtenir une protection contre une rupture intempestive du mandat par l'entreprise. Cette protection a été renforcée par la directive européenne de 1986.

• La protection principale est le **droit à indemnité compensatrice** du fait de son préjudice lié à la cessation de son mandat (perte des commissions qu'il aurait pu percevoir – en pratique, il est d'usage de fixer l'indemnité à deux années de commissions HT), ceci que le contrat soit à durée déterminée ou indéterminée (C. com., art. L. 134-12) mais l'agent doit la demander dans l'année qui suit la rupture de la relation (*ibid.*).

• **L'indemnité n'est pas due en cas de faute grave** de l'agent commercial (la non-réalisation du quota du chiffre d'affaires n'en est pas une), ni si la rupture provient de sa décision (hormis les cas d'invalidité de maladie ou en raison de son âge). Elle n'est pas due non plus si, en accord avec le mandant, il cède ses droits sur le contrat à un tiers (C. com., art. L. 134-7).

• La poursuite de la relation fondée sur un contrat à durée déterminée au-delà du terme fixé le transforme en contrat à durée indéterminée.

• La rupture du contrat à durée indéterminée ne peut intervenir, sauf faute grave de l'une ou l'autre partie, qu'après un **délai de préavis** qui ne peut être inférieur (règle d'ordre public qui s'impose à l'agent comme au mandant) aux délais prévus par la loi (1 mois pour la première année du contrat, 2 mois pour la deuxième année commencée, 3 pour la troisième année commencée et les années suivante – C. com., art. L. 134-11).

• Le contrat peut contenir une clause de non-concurrence visant la période post-contractuelle : elle doit être limitée dans l'espace, dans l'objet (biens et services concernés) et ne peut excéder deux ans après la cessation du contrat (C. com., art. L. 134-14).

Section 2 – Les mandats *propter personam*

Il s'agit de mandats particuliers, à caractère familial prononcé, qui ont pour objet d'organiser le futur d'une personne (au vu d'un handicap existant ou envisagé) – mandat de protection future – ou la gestion de son patrimoine après sa mort – mandat à effet posthume.

§ 1 - Le mandat de protection future

Cette forme de mandat, institué par la loi du 5 mars 2007 (loi portant réforme de la protection juridique des majeurs), est particulière car le mandant stipule en quelque sorte pour lui (et éventuellement sa descendance). Il s'agit pour lui d'organiser par anticipation sa protection et celle de ses enfants pour le cas où ses facultés mentales seraient amoindries. Cela permet d'éviter l'ouverture d'une mesure d'incapacité légale.

Il peut être aussi stipulé (ce fut même l'argument mis en avant au moment de son adoption) pour mettre en place la prise en charge des **enfants, surtout ceux handicapés**, pour le jour où les parents ne pourront plus s'occuper d'eux. Il est alors nécessairement **notarié**.

Ce mandat est régi par les articles 477 à 494 du Code civil et, pour le surplus, par les règles du droit commun du mandat (C. civ., art. 479). Notons que ces dispositions régissent *a priori* aussi les mandats donnés par un mandant de nationalité étrangère dès lors qu'il réside en France (art. 5, 13 et 15 combinés Conv. La Haye du 13 janvier 2000 sur la protection internationale des adultes) à moins que le mandant n'ait désigné une autre loi (loi nationale, loi de la précédente résidence ou loi du lieu de situation des biens et pour les régir).

• Le **mandant doit être capable au jour du mandat**. On reconnaît la possibilité pour un majeur en curatelle d'en établir un avec l'assistance du curateur.

• Le mandataire peut être toute personne physique capable ou si c'est une personne morale, elle doit faire partie de celles inscrites sur la liste des mandataires judiciaires à la protection des majeurs (C. civ., art. 480).

• Tant qu'il n'a pas pris effet, le mandat est **librement modifiable et révocable**.

• Il doit définir les pouvoirs conférés au mandataire choisi, quant à la nature des actes, quant aux biens visés.

• Il **prend effet au moment de l'altération** (de nature à empêcher l'expression de la volonté du mandant) des facultés physiques ou mentales dûment constatée pour un certificat d'un médecin inscrit sur la liste établie par le procureur de la République (C. civ., art. 481). Le mandataire prend alors ses fonctions dans le cadre des stipulations du mandat. Cette prise d'effet ne rend pas le mandant incapable qui conserve la gestion de ses biens (tant qu'aucune mesure de protection légale n'est intervenue), y compris pour des actes confiés au mandataire : conformément au droit commun, les actes accomplis par le mandant peuvent toutefois être rescindés pour lésion, réduits pour excès, voire annulés si on établit l'existence d'un trouble mental au moment où il a été fait (C. civ., art. 488).

• Il **prend fin en cas de rétablissement** des facultés personnelles du mandant, en cas de **décès ou d'ouverture d'une tutelle ou curatelle** soit du mandant soit du mandataire, en cas de révocation de ce dernier par le juge des tutelles (C. civ., art. 483).

§ 2 - Le mandat à effet posthume

Créé par la loi n° 2006-728 du 23 juin 2006, le mandat à effet posthume fait l'objet d'une réglementation aux articles 812 s. du Code civil et relève ainsi du titre consacré aux successions.

Toutefois, s'agissant d'un **véritable mandat**, avec certes ses particularités, il convient d'en dire quelques mots en renvoyant, pour le surplus, aux ouvrages consacrés au droit des successions.

L'objectif du législateur est de permettre la gestion d'un patrimoine successoral en présence d'héritiers mineurs ou handicapés. Il n'est pas destiné à être une pseudo-fiducie : il n'organise pas un patrimoine d'affectation et son intérêt est d'ordre successoral.

• C'est un **véritable mandat** (le mandataire est tenu des obligations prévues dans le droit commun) et il est, en principe, gratuit (sauf stipulation contraire, la rémunération étant alors à la charge de la succession). La particularité de ce mandat est que, contrairement à ce que prévoit l'article 2003, **ses effets ne commencent qu'à la mort du mandant** (le *de cujus*), même si le mandataire doit l'accepter (par acte notarié) avant ce décès. De ce fait, les héritiers pour le compte desquels la gestion sera effectuée par le mandataire désigné sont ceux qui sont représentés : ils prennent donc la place du mandant sans pouvoir pour autant modifier le contenu du mandat.

Il est nécessairement établi par **acte notarié** et pour une durée qui ne peut excéder en principe deux ans (mais il peut être prorogé par décision judiciaire), voire cinq ans « *en raison de l'inaptitude, de l'âge du ou des héritiers, ou de la nécessité de gérer des biens professionnels* » (art. 812-1-1, al. 2).

• Il n'est valable « *que s'il est justifié par* **un intérêt sérieux et légitime** *au regard de la personne de l'héritier ou du patrimoine successoral* » et s'il est « *précisément motivé* » (art. 812-1-1).

• Le mandataire n'est pas un exécuteur testamentaire car sa mission est **limitée à la gestion** de tout ou partie d'un patrimoine successoral : « *toute personne peut donner à une ou plusieurs autres personnes physiques ou morales, mandat d'administrer ou de gérer, sous réserve des pouvoirs confiés à l'exécuteur testamentaire, tout ou partie de sa succession pour le compte et dans l'intérêt d'un ou de plusieurs héritiers identifiés* » (art. 812).

• Les pouvoirs conférés au mandataire ne peuvent comprendre des actes de disposition et tant qu'aucun héritier n'a pas accepté la succession, le mandataire ne peut faire que des actes conservatoires (art. 812-1-3).

• Le principe est la gratuité du mandat ; si une rémunération est stipulée, elle est encadrée à l'article 812-2, alinéa 2 du Code civil (elle doit correspondre à la part des fruits et revenus correspondant à la gestion des biens) et elle est supportée par la succession.

• Il prend fin par l'arrivée du terme, la renonciation du mandataire, son décès ou son incapacité, sa révocation judiciaire, la conclusion d'un mandat conventionnel entre les héritiers et le mandataire titulaire du mandat à effet posthume, l'aliénation des biens objet du mandat, le décès de l'héritier protégé (art. 812-4).

La nomination d'un mandataire ne fait pas obstacle à celle d'un exécuteur testamentaire (art. 1025), d'un mandataire ou d'un gérant conventionnel entre héritiers (art. 813 ; art. 1873-5 en cas d'indivision), voire d'un administrateur judiciaire de l'indivision (art. 815-6, al. 3), ce qui peut poser des difficultés d'articulation des décisions qui peuvent être prises par les uns et les autres.

Pour aller plus loin

Exemples de sujets d'examen

Dissertations

- Le mandat apparent
- Intérêt commun et mandat

Sujets d'oraux

- La portée de la représentation dans le mandat
- La rémunération du mandataire (droit commun)
- La rémunération de l'agent immobilier
- La résiliation du mandat

Titre 3
Le dépôt

« Le dépôt, en général, est un acte par lequel on reçoit la chose d'autrui, à la charge de la garder et de la restituer en nature » (C. civ., art. 1915).

Le dépôt ne peut porter que sur des ***choses mobilières*** *selon l'art. 1918 du Code civil (le dépôt de fichiers sur Internet – le cloud computing – est une prestation de services, non un dépôt au sens du Code civil), ce qui exclut :*

– les personnes vivantes (relevons qu'un établissement peut être tenu, en tant que dépositaire, de conserver un cadavre le temps que la famille le récupère) ni sur les produits du corps humain (ex. pour les « banques » de sperme, les CECOS) ;

– les immeubles (un immeuble confié en garde fait naître un contrat d'entreprise si la garde est faite à titre onéreux, un contrat innommé si elle est faite à titre gratuit, mais on s'inspire alors du régime juridique du dépôt) ;

– les choses incorporelles.

Le Code civil distingue entre le dépôt volontaire et le dépôt nécessaire, entre le dépôt proprement dit et le séquestre. Cette distinction ne s'impose pas de nos jours : il y a des règles générales qui fondent les éléments caractéristiques du dépôt et quelques statuts spéciaux dont font partie le dépôt nécessaire et le séquestre.

Chapitre 1
Le droit commun du dépôt

L'essentiel

La qualification de dépôt a parfois été discutée pour certains contrats qui comportent une remise de la chose :
– ainsi en est-il du ***contrat d'entreprise*** *lorsque l'entrepreneur travaille sur la chose appartenant au maître de l'ouvrage ; mais la garde n'est dans ce cas qu'une obligation accessoire ;*
– le contrat de ***louage de coffre-fort****, est considéré en jurisprudence, malgré la garde des objets qui y sont déposés qu'il suppose de la part de l'établissement financier, comme un bail et non un dépôt ;*
– la mise à disposition d'un ***emplacement de parking*** *est un dépôt si elle s'accompagne d'une obligation de garde du véhicule ; elle est sinon un simple bail ;*
– le « ***dépôt-vente*** *» (par lequel on remet à un tiers une chose en vue de sa vente) est plutôt un mandat (avec une obligation de garde à la charge du mandataire) qu'un dépôt.*
Il convient de voir les conditions de formation du contrat, puis de préciser les obligations des parties.

Section 1 – La formation du contrat de dépôt

§ 1 – Conditions tenant aux parties

• L'article 1922 du Code civil précise que le **déposant est nécessairement le propriétaire** de la chose mais la jurisprudence admet que le simple détenteur (tel le créancier gagiste) de la chose puisse la remettre en dépôt (le propriétaire non consentant peut toutefois la revendiquer).

• Le dépositaire, comme le déposant, doivent avoir la **capacité de faire des actes d'administration.**

• L'article 1925 du Code civil ajoute néanmoins que « *si une personne capable de contracter accepte le dépôt fait par une personne incapable, elle est tenue de toutes les obligations d'un véritable dépositaire* ».

• Le **consentement des deux parties** est une condition de validité du contrat (C. civ., art. 1921) mais le problème ne se pose, en raison du caractère réel de ce contrat (v. ci-dessous), que pour le dépositaire dont il faudra s'assurer qu'il a bien accepté sa mission de dépositaire.

§ 2 – Conditions tenant au contrat lui-même

• C'est un **contrat réel** : « *il n'est parfait que par la remise réelle ou fictive de la chose déposée* » (C. civ., art. 1919).

• En conséquence, **le seul accord des parties,** sans remise de la chose, ne devrait être qu'une promesse de dépôt (la doctrine est divisée sur ce point) **qui ne peut donner lieu à une exécution forcée** mais seulement à l'octroi de dommages-intérêts.

• La **preuve du contrat**, soumise en principe au droit commun, connaît une règle particulière : « *lorsque le dépôt étant au-dessus du chiffre prévu à l'article 1341* [1 500 €] *n'est point prouvé par écrit, celui qui est attaqué comme dépositaire en est cru sur sa déclaration, soit pour le fait même du dépôt, soit pour la chose qui en faisait l'objet, soit pour le fait de sa restitution* » (C. civ., art. 1924).

Section 2 - Les obligations des parties

§ 1 - Les obligations du dépositaire

Elles sont essentielles et sont au cœur du dépôt.

I - L'obligation de garde

« *Le dépositaire doit apporter, dans la garde de la chose déposée, les mêmes soins qu'il apporte dans la garde des choses qui lui appartiennent* » (C. civ., art. 1927).

• L'**obligation de conservation** de la chose est l'obligation principale du dépositaire dont il ne peut se décharger ; elle reste cependant une **obligation de moyens** mais c'est au dépositaire de prouver son absence de faute. Est licite toute stipulation selon laquelle celui qui reçoit la chose décline toute responsabilité en cas de perte dès lors que la prestation essentielle ne consiste pas en cette obligation de garde (exemple de vestiaires mis à la disposition du public) : le prestataire n'entend pas être dépositaire. L'intensité de cette présomption est **plus forte si le dépositaire est rémunéré**, s'il s'est offert lui-même comme dépositaire ou si le dépôt a été fait dans son intérêt (C. civ., art. 1928).

• Elle implique une obligation d'**entretien normal** de la chose mais les parties peuvent graduer cette obligation (sous réserve qu'elle ne crée pas un déséquilibre significatif entre les parties).

• Il n'est **pas responsable de la détérioration ou de la perte de la chose par force majeure** sauf s'il avait été mis en demeure de la restituer (C. civ., art. 1929).

• Toute clause qui exclurait une surveillance de la chose serait réputée non écrite car elle viderait le contrat de son objet essentiel (sauf à pouvoir requalifier le contrat, par exemple en bail).

• Il ne peut utiliser la chose sans la permission du déposant (C. civ., art. 1930).

• Il pèse sur lui une obligation de discrétion si la chose a été déposée sous enveloppe cachetée ou dans un coffre (C. civ., art. 1931).

II - L'obligation de restitution

A - Le contenu de l'obligation

• L'article 1932 du Code civil prévoit une restitution de « ***la chose même*** *qu'il* [le dépositaire] *a reçue* », **avec les fruits** lorsqu'elle est frugifère,

• mais « **dans l'état** *où elle se trouve au moment de la restitution* », le déposant supportant les détériorations qui ne sont pas dues au fait du dépositaire (C. civ., art. 1933).

• L'obligation de restitution est une **obligation de moyens renforcée,** la faute du dépositaire étant présumée ; la preuve contraire peut être rapportée par le dépositaire. Si le dépôt est « salarié » (rémunéré), la preuve contraire sera plus difficile à rapporter.

• Cette obligation de restitution n'a plus lieu d'être si la chose *a « été enlevée par une force majeure »*, sauf à reverser au déposant l'indemnité compensatrice le cas échéant (C. civ., art. 1934).

• Elle n'a plus lieu d'être non plus si l'héritier du dépositaire a vendu de bonne foi (ignorance de l'existence du dépôt) la chose déposée, celui-ci n'étant tenu que de rendre le prix reçu (C. civ., art. 1935).

• Elle n'a plus lieu d'être en nature si le dépôt porte sur une **chose fongible. C'est alors un « dépôt irrégulier »**, tel le dépôt de sommes d'argent : il emporte transfert de propriété au profit du dépositaire qui supporte donc les risques jusqu'à la restitution de l'équivalent. Le droit du déposant, qui perd de fait son droit réel (et de fait, son action en revendication) devient un simple droit de créance contre le dépositaire. Dans ce cas de figure il est parfois difficile de distinguer le dépôt d'un prêt de consommation, mais s'agissant des dépôts bancaires, la Cour de cassation maintient l'autonomie de cette qualification.

B – Le destinataire de la restitution

• C'est avant tout, bien sûr, le **déposant lui-même**, sauf s'il est établi que la chose fut volée, auquel cas le dépositaire doit en avertir le véritable propriétaire pour lui permettre de la réclamer (C. civ., art. 1938).

• Ce peut être le **tiers désigné** par le déposant (C. civ., art. 1937).

• Mais si le déposant est décédé, la restitution se fera nécessairement entre les mains de son/ses **héritier(s)** (C. civ., art. 1939).

• Si le déposant est dessaisi de ses pouvoirs d'administration, la restitution est faite à la **personne qui la représente** (C. civ., art. 1940). Toutefois, lorsque la mesure de protection cesse, elle se fait entre les mains du déposant (C. civ., art. 1941).

C – Lieu et moment de la restitution

• « *Si le contrat ne désigne pas le lieu de la restitution, elle doit être faite **dans le lieu même du dépôt*** » (C. civ., art. 1943).

• Elle se fait ***ad nutum***, dès que le déposant la réclame, nonobstant le délai qui a pu être prévu dans le contrat, sous réserve qu'une saisie-arrêt ou une opposition n'ait pas été pratiquée entre ses mains (C. civ., art. 1944).

• Mais le dépositaire peut exercer un **droit de rétention** s'il n'a pas été reçu le salaire convenu avec le déposant (C. civ., art. 1948) ou s'il a une créance contre le déposant qui présente un lien de **connexité** avec le dépôt.

• Si le déposant ne récupère pas la chose au terme convenu, le dépositaire, après l'avoir mis en demeure, est libéré de ses obligations en principe (solution discutée toutefois).

• Et si le contrat est à durée indéterminée, le dépositaire peut résilier le contrat unilatéralement (en respectant un délai de préavis) et restituer la chose au déposant.

§ 2 - Les obligations du déposant

Elles sont de deux ordres.

I - L'obligation de remboursement et d'indemnisation

Elle est prévue à l'article 1947 du Code civil : « *la personne qui a fait le dépôt est tenue de **rembourser au dépositaire les dépenses** qu'il a faites pour la conservation de la chose déposée, et de l'**indemniser de toutes les pertes** que le dépôt peut lui avoir occasionnées* ».

Les frais exposés pour la conservation de la chose sont garantis par un privilège mobilier spécial (C. civ., art. 2332, 3°).

Si le dépôt est rémunéré, il convient de vérifier que la rémunération convenue n'inclut pas en réalité les dépenses qui seront exposées, du moins celles prévisibles ainsi que la prise en charge par le dépositaire des dommages éventuels (surtout si c'est un professionnel qui est en général assuré).

II - L'obligation de payer le salaire convenu

Le dépôt étant réputé un contrat essentiellement gratuit, la rémunération du dépositaire devrait être prévue dans tous les cas.

Or, cette présomption ne joue pas pour les dépositaires professionnels (ex. société de garde-meubles) ou si les usages prévoient le versement d'un salaire. La rémunération, à défaut d'accord des parties, sera alors fixée par le juge.

Chapitre 2
Les dépôts spéciaux

L'essentiel

Les dépôts spéciaux sont ceux qui sont soumis à des règles particulières prévues dans le Code civil.
À ce titre, seront étudiés :
– le dépôt nécessaire pour lequel, même s'il est « forcé » on ne se dispense pas du consentement du dépositaire mais dont la preuve obéit à un régime plus souple que celui de l'article 1341 du Code civil ;
– le dépôt hôtelier, forme de dépôt nécessaire qui s'en démarque par un régime alourdi de la responsabilité (mais plafonnée) de l'hôtelier en cas de vol d'objets appartenant au client et dont le régime juridique a servi de modèle pour le dépôt hospitalier ;
– le séquestre, conventionnel (accord des parties) ou judiciaire (par décision du juge) est, par principe, une relation tripartite et se justifie lorsqu'il y a une chose contentieuse ou une obligation à venir ; il prend fin par la cessation du contentieux ou par l'arrivée de l'événement.

Section 1 – Le dépôt nécessaire

« *Le dépôt nécessaire est celui qui a été forcé par quelque accident, tel un incendie, une ruine, un pillage, un naufrage ou autre événement imprévu* » (C. civ., art. 1949).

• Le dépôt nécessaire reste un contrat de dépôt soumis aux règles susvisées (C. civ., art. 1952),

• et, en particulier, celle relative au **consentement du dépositaire** qui n'est pas obligé d'accepter de prendre en charge les biens d'autrui, quelles que soient les circonstances dans lesquelles se trouve le déposant.

• Le **régime de la preuve est néanmoins assoupli** car les événements qui sont à l'origine du dépôt nécessaire ne laissent en général pas le temps aux parties d'établir un écrit. C'est pourquoi « *la preuve* **par témoins** *peut être reçue pour le dépôt nécessaire, même quand il s'agit d'une valeur supérieure au chiffre prévu à l'article 1341 [1 500 €]* » (C. civ., art. 1950).

Section 2 – Le dépôt hôtelier et hospitalier

Le Code civil avait, dès sa première rédaction, envisagé une responsabilité particulière « des aubergistes ou hôteliers ». Le dépôt hospitalier est en revanche une création beaucoup plus tardive (loi du 6 juillet 1992).

§ 1 – Le dépôt hôtelier

Il est prévu à l'article 1952 du Code civil : « *les aubergistes ou hôteliers répondent, comme dépositaires, des vêtements, bagages et objets divers apportés dans leur établissement par le voyageur qui loge chez eux ; le dépôt de ces sortes d'effets* **doit être regardé comme un dépôt nécessaire** ».

Cette responsabilité ne concerne que les professionnels visés et ne peut être étendue à d'autres catégories, tels les restaurateurs. Mais les clubs de vacances sont, quant à eux, soumis à cette réglementation.

L'assimilation au dépôt nécessaire du dépôt hôtelier ne reflète qu'en partie le régime juridique de ce contrat.

• Le client (déposant) de l'hôtel bénéficie de l'assouplissement de la règle de preuve de l'article 1950 du Code civil (preuve par témoins possible, même pour une valeur supérieure à 1 500 €)

• Le régime de **responsabilité pour le vol ou la détérioration des effets** des clients (ce qui comprend les véhicules automobiles et les bagages y compris s'ils sont garés dans l'enceinte de l'hôtel mais les animaux vivants en sont expressément exclus – C. civ., art. 1954, *in fine*) est **plus sévère** puisque l'hôtelier ne peut pas s'exonérer par la preuve de l'absence de faute ; il doit établir la force majeure, le vice de la chose ou la faute de la victime (C. civ., art. 1954).

• Cette responsabilité est néanmoins **plafonnée** à « *100 fois le prix de location du logement par journée* » (C. civ., art. 1953) et à 50 fois ce prix pour les objets laissés dans les véhicules (C. civ., art. 1954).

• Ce plafonnement ne joue pas si le dommage concerne une chose déposée entre les mains de l'hôtelier ou qu'il a refusé de recevoir sans motif légitime (C. civ., art. 1953).

• Cette responsabilité peut être écartée par une « clause » (en général un affichage) qui produira son efficacité si l'hôtelier (non dépositaire donc) peut démontrer que le client en a eu connaissance.

§ 2 – Le dépôt hospitalier

Il se trouve défini aux articles L. 1113-1 s. du Code de la santé publique et l'intervention législative a été justifiée par la vulnérabilité des patients qui étaient amenés, lors de leur hospitalisation, à avoir quelques objets personnels. De fortes similitudes avec le dépôt hôtelier justifient donc un régime de responsabilité alourdie.

• Ce régime s'applique aux **établissements de santé** (public ou privé) en médecine chirurgie et obstétrique ainsi que les **établissements sociaux ou médico-sociaux** hébergeant des personnes âgées ou adultes handicapés.

• Il bénéficie uniquement aux **personnes hospitalisées ou hébergées** (et non celles accueillies en consultation externe).

• Il couvre les **objets mobiliers corporels nécessaires** pour la durée du séjour.

• Il est subordonné au **dépôt préalable desdits objets** entre les mains d'un préposé commis à cet effet (excepté pour les personnes hors d'état de manifester leur volonté ou arrivant en urgence).

• Il implique une **responsabilité de plein droit** de l'établissement hospitalier ou assimilé pour les objets déposés en cas de perte ou de vol, **plafonnée**, sauf faute prouvée, au double du plafond mensuel de la sécurité sociale (soit, pour 2015, 6 340 euros – 3 170 x 2) ; cette responsabilité n'est encourue que sur faute prouvée pour les objets non déposés.

• Enfin, pour les **objets abandonnés** soit après la sortie du patient, soit après son décès et non récupérés par la famille, ils doivent être remis au préposé chargé de cette fonction et obéissent alors au régime des objets déposés avec des délais de réclamation différents suivant leur nature (cinq ans en général).

Section 3 - Le séquestre

L'article 1955 du Code civil précise qu'il y a deux sortes de séquestre : conventionnel ou judiciaire.

§1 - Le séquestre conventionnel

Définition : il consiste en un « *dépôt fait par une ou plusieurs personnes, d'une chose contentieuse, entre les mains d'un tiers qui s'oblige de la rendre, après la contestation terminée, à la personne qui sera jugée devoir l'obtenir* » (C. civ., art. 1956).

Il peut aussi désigner la personne chargée de la mission de conserver la chose (v. C. pr. civ., art. 681).

En dépit de la définition légale, le séquestre n'est pas un parfait dépôt :

– il implique nécessairement une **relation tripartite** puisqu'il y a remise de la chose à un tiers ;

– le séquestre peut porter sur **toutes sortes de bien**, y compris des immeubles (C. civ., art. 1959) ;

– la **gratuité n'est pas le principe** de ce contrat (C. civ., art. 1957) ;

– la **restitution** n'est pas du seul fait du déposant mais **de l'accord de toutes les parties** (C. civ., art. 1960).

I - La conclusion du contrat de séquestre

• Il ne suppose pas nécessairement, contrairement à la lettre de l'article 1956 du Code civil, l'existence d'une contestation entre les parties.

• Il est utilisé en effet également comme **mesure conservatoire** en attendant l'exécution d'une obligation ou comme support pour un nantissement de sommes d'argent (le nantissement étant alors fait entre les mains d'un tiers chargé de les conserver jusqu'à l'arrivée de l'événement qui en est la cause).

• La conclusion du contrat, qui obéit par ailleurs aux conditions de droit commun (art. 1108), se fait entre **trois parties** : les parties proprement dites et le tiers séquestre ; chacune doit être capable et avoir accepté le séquestre.

• La **remise des fonds** à un séquestre **ne vaut pas paiement** de l'obligation par le débiteur mais fait cesser le cours des intérêts car le débiteur s'est ainsi acquitté, à hauteur de ce qu'il a versé, de sa dette (effet libératoire de la dette sans extinction de la créance). Elle s'apparente souvent à un entiercement (gage espèces constitué entre les mains d'un tiers convenu) car la constitution du séquestre a pour objet aussi de garantir la restitution de la somme remise en cas de non-réalisation de l'opération (tel dans les promesses immobilières, pour l'indemnité d'immobilisation – v. p. 8).

II - La mission du tiers séquestre

• Il doit tout d'abord conserver la chose et y apporter tous les **soins nécessaires**.

• Il n'a **pas l'usus** et ne peut donc s'en servir ; si elle est frugifère, les intérêts profitent à celui à qui elle sera remise à la fin du séquestre.

• La **restitution** de la chose ne peut intervenir en principe (sauf « *cause jugée légitime* » – C. civ., art. 1960) **qu'une fois la contestation terminée** ou l'événement qui a justifié la mesure arrivé.

• Le séquestre peut être déchargé du consentement de toutes les parties intéressées (C. civ., art. 1960). Il peut l'être aussi selon les modalités prévues dans la convention de séquestre (par ex., en cas de constatation de la non-réalisation de la condition suspensive empêchant la conclusion du contrat).

• Le tiers séquestre est **responsable de ses fautes** (appréciées plus ou moins sévèrement suivant qu'il est rémunéré ou non) tant vis-à-vis des parties que vis-à-vis des tiers éventuellement (créancier omis dans le cadre de distribution du prix séquestré par exemple).

• Il bénéficie pour sa rémunération d'un droit de rétention sur la chose séquestrée.

§ 2 - Le séquestre judiciaire

Il intervient sur décision du juge.

Il peut porter sur :

– « *des meubles saisis sur un débiteur ;*

– un immeuble ou une chose mobilière dont la propriété ou la possession est litigieuse entre deux ou plusieurs personnes ;

– des choses qu'un débiteur offre pour sa libération » (C. civ., art. 1961).

L'énumération n'est pas limitative.

La remise au séquestre des sommes dues par le débiteur vaut, ici aussi, libération de sa dette même si la créance ne s'en trouve pas éteinte.

La personne séquestre (le « *gardien judiciaire* ») peut être celle que les parties auront désignée ou elle peut être nommée d'office par le juge (C. civ., art. 1963).

Ses obligations sont celle d'un dépositaire conventionnel mais sa responsabilité ne peut être engagée que sur faute prouvée, sauf s'il est un professionnel auquel cas cette faute est présumée (mais il peut s'exonérer par la preuve de son absence de faute).

Le séquestre judiciaire bénéficie, comme celui conventionnel, d'un droit de rétention pour le paiement de sa rémunération « *fixée par la loi* » et qui est à la charge du « *saisissant* » (C. civ., art. 1962).

Pour aller plus loin

Exemples de sujets d'examen

Dissertation

- La responsabilité du dépositaire : une responsabilité qui se durcit ?

Sujets d'oraux

- L'obligation de garde du dépositaire
- La convention de séquestre
- Le dépôt hôtelier

Titre 4
La fiducie

Introduite en droit français par la loi n° 2007-211 du 19 février 2007, et en partie modifiée par la loi n° 2008-776 du 4 août 2008, la fiducie est régie par les articles 2011 à 2030 du Code civil.

Définition : *c'est « l'opération par laquelle un ou plusieurs constituants transfèrent des biens, des droits ou des sûretés, ou un ensemble de biens, de droits ou de sûretés, présents ou futurs, à un ou plusieurs fiduciaires qui, les tenant séparés de leur patrimoine propre, agissent dans un but déterminé au profit d'un ou plusieurs bénéficiaires » (art. 2011).*

Mécanisme :

– le propriétaire de biens, le constituant, les transfère à une personne, fiduciaire,

– dans le cadre d'une mission de gestion ou de constitution de garantie,

– dans l'intérêt d'un bénéficiaire qui en recouvrera la propriété à la fin du contrat, ce bénéficiaire pouvant être le constituant, le fiduciaire ou un tiers.

Le ***patrimoine d'affectation*** *qu'elle permet d'organiser sans constitution d'une personne morale, qui porte atteinte au principe, désormais dépassé, d'unicité du patrimoine de la personne juridique, offre une solution alternative à l'institution anglo-saxonne du trust.*

Mais le législateur français est resté prudent : il a restreint les fonctions de la fiducie à ***des actes entre vifs*** *(la fiducie ne peut organiser une transmission de biens à cause de mort) ; les conditions de validité sont strictement encadrées et il a maintenu une neutralité fiscale.*

Chapitre 1
Les fonctions de la fiducie

L'essentiel

*La fiducie, qui est un **contrat de confiance** (fides en latin), remplit une double fonction : gestion d'un patrimoine ou constitution d'une garantie. Le transfert temporaire (il ne peut excéder 99 ans) des biens constitués en fiducie peut avoir en effet deux buts : outre la gestion des biens fiduciaires, il peut servir de base à une garantie.*

Section 1 – La fiducie, mode de gestion d'un patrimoine

Lorsque la fiducie n'a pour objet que la gestion de biens, elle pourrait s'apparenter pour partie au mandat.

Toutefois, en lui confiant **pour un temps** qui peut très **long** (99 ans) des biens et en lui accordant, le cas échéant (cela dépend de la convention des parties), les **pouvoirs les plus étendus** (dont l'*abusus*) sur eux, la fiducie permet ainsi au fiduciaire de gérer ces biens dans des conditions plus stables et avec des pouvoirs plus importants qu'il n'en aurait s'il agissait comme mandataire. Certains auteurs y voient ainsi un **droit réel temporaire**, ce qui ne saurait être discuté en tout cas si les pouvoirs de disposition des biens sont reconnus au fiduciaire.

Destinée avant tout à intervenir dans le domaine bancaire (pour le placement des fonds, pour faciliter la circulation des actions), la fiducie peut également résoudre le problème de la gestion d'un patrimoine lorsqu'il y a des enfants mineurs ou handicapés. À cet égard, notons qu'elle est une alternative possible au mandat à effet posthume (v. p. 124), ce qui montre, ici encore, les liens intellectuels (et non juridiques) entre la fiducie et le mandat.

La **différence entre la fiducie et le mandat** est toutefois suffisante pour que le législateur ait décidé d'en faire une catégorie autonome.

• Le transfert des biens n'est pas envisagé dans le mandat alors que le fiduciaire devient propriétaire des biens constitués en fiducie (C. civ., art. 2011) tout en les maintenant dans un patrimoine séparé.

• Le mandataire agit au nom et pour le compte du mandant ; le fiduciaire exerce ses pouvoirs certes ès qualités, mais accomplit les actes en son nom (C. civ., art. 2021).

• La fiducie ne peut être qu'expresse, alors que le mandat peut être tacite (pour les actes d'administration).

• Sa révocation ne peut intervenir que de l'accord des parties ou sur décision du juge (pas de révocation *ad nutum* comme pour le mandat).

Section 2 – La fiducie, nouvelle modalité de garantie

À ce titre, elle rejoint les **garanties fondées sur la propriété** de la chose, telle la cession de créances professionnelles (dite cession Dailly, C. mon. fin., art. L. 313-23 s.) ou la clause de réserve de propriété (C. civ., art. 2367 s.).

Le débiteur, le constituant, transfère à son créancier, le fiduciaire, la propriété d'un ou plusieurs biens en garantie de sa dette. Ce dernier ne restituera le patrimoine fiduciaire que si le débiteur honore ses engagements ; à défaut, il deviendra le bénéficiaire de la fiducie.

Les articles 2024 et 2025 renforcent l'intérêt de ce type de garantie puisque l'ouverture d'une procédure collective à l'encontre du fiduciaire n'affecte pas le patrimoine fiduciaire (C. civ., art. 2024) et que dans le cadre d'une procédure collective concernant le constituant, « *le patrimoine fiduciaire ne peut être saisi que par les titulaires de créances nées de la conservation ou de la gestion de ce patrimoine* » (art. 2025).

(Pour le surplus, v. manuels sur les sûretés).

Chapitre 2
La mise en place de la relation fiduciaire

L'essentiel

L'article 2012 du Code civil précise que « la fiducie est établie par la loi ou par contrat ».
Pour l'instant, et en attendant que le premier aspect se développe en droit français, les précisions insérées dans le Code concernent la fiducie conventionnelle.
Le contrat de fiducie dicte donc entièrement le contenu de la relation fiduciaire.
On va examiner les conditions de validité et les effets de ce contrat.
Un observatoire dédié à l'information de la fiducie et à l'activité fiduciaire a été créé en 2012, l'Association Française des Fiduciaires (AFF).

Section 1 – Les conditions de validité de la fiducie

Il y a des conditions de forme et de fond.

§ 1 – Conditions de forme

• La fiducie est nécessairement **expresse** (C. civ., art. 2012).

• Elle est passée **par écrit** car le contrat doit, **à peine de nullité,** contenir des indications concernant l'objet (les biens transférés), la durée (elle ne peut excéder 99 ans), l'identité des parties et du bénéficiaire, la mission et l'étendue des pouvoirs du fiduciaire (art. 2018).

• L'établissement d'un **acte notarié est imposé, à peine de nullité**, lorsque la fiducie porte sur des biens faisant partie de la **communauté entre époux** ou d'une **indivision.**

• **À peine de nullité, le contrat de fiducie et ses avenants sont enregistrés** dans le délai d'un mois au **Registre National des Fiducies** relevant des services fiscaux du lieu d'établissement du fiduciaire, ou ceux des non-résidents si celui-ci ne réside pas en France. S'il y a des **immeubles**, le contrat doit faire l'objet d'une **publicité foncière** – ce qui implique donc l'établissement d'un acte notarié – (C. civ., art. 2019).

• Les mêmes formalités d'enregistrement, assorties de la même sanction, sont imposées pour la transmission des droits résultant du contrat de fiducie et, le cas échéant, pour la désignation ultérieure du bénéficiaire si elle n'est pas faite dans le contrat (C. civ., art. 2019, dernier al.).

• De même, si le patrimoine fiduciaire comprend des biens ou droits soumis à publicité pour leur mutation, celle-ci doit mentionner le nom du fiduciaire (C. civ., art. 2021).

• Elle peut être rechargeable mais cela ne concerne que la fiducie-sûreté.

§ 2 - Conditions de fond

• **Côté constituant**, la loi susvisée du 4 août 2008 a ouvert la possibilité de constituer une fiducie aux personnes physiques alors qu'initialement, elle était réservée aux personnes morales soumises à l'impôt sur les sociétés.

• **Côté fiduciaire**, l'article 2015 du Code civil prévoit que « *seuls peuvent avoir la qualité de fiduciaires les établissements de crédit mentionnés à l'article L. 511-1 du Code monétaire et financier, les institutions et services énumérés à l'article L. 518-1 du même code, les entreprises d'investissement mentionnés à l'article L. 531-4 du même code ainsi que les entreprises d'assurance régies par l'article L. 310-1 du Code des assurances. Les membres de la profession d'avocat peuvent également avoir la qualité de fiduciaire* ».

Section 2 - Les effets du contrat de fiducie

L'effet le plus évident de la fiducie est de faire sortir le bien du patrimoine du constituant sans le faire rentrer dans celui du fiduciaire.

§ 1 - La protection des biens du constituant

• Elle est assurée par la **création d'un patrimoine d'affectation**, le patrimoine fiduciaire, qui répond seul des dettes nées de la gestion des biens qui le composent. Si le fiduciaire fait l'objet d'une procédure collective, le patrimoine fiduciaire n'en sera pas affecté (C. civ., art. 2024).

• Mais cette limitation de l'obligation au passif, même en cas d'insuffisance du patrimoine du constituant, n'est opposable qu'aux créanciers qui l'ont expressément acceptée (C. civ., art. 2025).

§ 2 - La mission du fiduciaire

Elle est définie dans le contrat de fiducie.

• Le fiduciaire doit indiquer expressément lorsqu'il agit dans le cadre de sa mission (C. civ., art. 2021).

• Il est réputé **vis-à-vis des tiers disposer des pouvoirs les plus étendus** sauf si ceux-ci avaient connaissance des limitations qui y étaient apportées dans le contrat de fiducie (C. civ., art. 2023).

• Le fiduciaire doit **rendre compte de sa mission** au constituant et au tiers bénéficiaire selon les modalités prévues entre les parties (C. civ., art. 2022). Si le constituant fait l'objet, en cours d'exécution du contrat, d'une mesure de tutelle ou de curatelle, le fiduciaire doit rendre compte de sa mission au tuteur ou au curateur à sa demande et au moins une fois par an (*ibid.*).

§ 3 – La responsabilité du fiduciaire

• L'exécution de la mission se fait sous le **contrôle du constituant** qui « *peut, à tout moment, désigner un tiers chargé de s'assurer de la préservation de ses intérêts dans le cadre de l'exécution du contrat* ». Le contrat peut cependant priver le constituant, s'il est une personne morale, d'un tel droit (C. civ., art. 2017).

• S'il manque à ses devoirs, s'il met en péril les intérêts du constituant ou s'il fait l'objet d'une procédure collective, il **peut être dessaisi** par décision judiciaire de ses pouvoirs et être remplacé (C. civ., art. 2027).

• Il est **responsable sur son patrimoine propre des fautes** qu'il peut commettre dans l'exercice de sa mission (C. civ., art. 2026).

Section 3 – L'extinction du contrat de fiducie

Plusieurs causes d'extinction sont envisageables :

• Elle peut résulter soit de la **révocation** du constituant si le bénéficiaire n'a pas encore accepté le contrat, soit, sinon, de l'accord des parties ou par décision de justice (C. civ., art. 2028).

• Le contrat prend fin de plein droit, sauf stipulation contraire, si l'**ensemble des bénéficiaires y renoncent**. Dans ce cas, comme dans celui où il n'y a plus de bénéficiaire, le patrimoine fiduciaire retombe dans le patrimoine du constituant.

• Elle peut survenir du fait de l'**arrivée du terme** ou de la **réalisation de la mission**.

• Le contrat de fiducie prend fin par le **décès du constituant personne physique**. Les biens constitués en fiducie font partie de sa succession.

• Il prend fin également **si le fiduciaire vient à disparaître** (liquidation judiciaire, dissolution, cession ou absorption) ou, s'il est avocat, en cas d'interdiction temporaire d'exercer, de radiation ou d'omission du tableau (C. civ., art. 2029).

Chapitre 3
La transparence fiscale de l'opération fiduciaire

Par crainte que la fiducie ne serve à éluder des obligations fiscales, le législateur n'a pas prolongé sur le terrain fiscal les objectifs de la fiducie.

Ainsi :

– le constituant est réputé fiscalement être demeuré propriétaire des actifs transmis au titre du contrat de fiducie ;

– il sera à ce titre redevable des impôts relatifs à ces biens et ceux-ci sont présumés faire partie de sa succession sauf si le bénéficiaire est désigné ;

– il sera imposé sur les revenus du patrimoine ;

– le transfert des biens et droits est susceptible de générer des droits de mutation ou des plus-values mais le paiement peut être différé si le contrat remplit les exigences posées dans le Code civil et que le constituant est une personne physique ; il sera regardé fiscalement comme détenant toujours les biens fiduciaires.

Toutefois, si le contrat de fiducie suppose une activité professionnelle soumise à la TVA, à la taxe professionnelle ou autres impositions de nature professionnelle, le fiduciaire est considéré comme l'exploitant des biens et soumis à l'impôt correspondant à cette activité.

Pour aller plus loin

Exemples de sujets d'examen

Dissertation

- La fiducie, un contrat d'avenir ?

Sujet d'oral

- Les fonctions de la fiducie

Troisième partie

Les contrats aléatoires

L'article 1964 du Code civil en fait la présentation suivante :
« Le contrat aléatoire est une convention réciproque dont les effets, quant aux avantages et aux pertes, soit pour toutes les parties, soit pour l'une ou plusieurs d'entre elles, dépendent d'un événement incertain.
Tels sont :
Le contrat d'assurance ;
Le jeu et le pari ;
Le contrat de rente viagère ».
Le contrat aléatoire le plus fréquent de nos jours est sans aucun doute possible le contrat d'assurance dont le Code civil n'a eu (en 1804) qu'une conception très réduite. Ce contrat s'est tellement développé qu'il en est devenu une matière autonome, traitée à part. On ne le retrouvera donc pas dans les développements qui suivent.
On ne retiendra ici que les deux types de contrats aléatoires réglementés pour la plupart dans le Code : ceux qui ne reposent que sur une recherche de gains ; ceux qui sont fondés sur l'espérance de vie.

Chapitre 1
Les contrats aléatoires fondés sur les chances de gains

L'essentiel

Le jeu et le pari sont deux façons d'espérer des gains sans déployer une « industrie » personnelle. D'un point de vue strict, ils ne se confondent pas :
– dans le premier cas, ce sont des partenaires qui participent au même jeu ; il y aura un gagnant qui recevra de l'autre, le perdant, l'enjeu ;
– dans le second cas, les participants, nécessairement en désaccord (sinon, il n'y aurait pas d'enjeu), jouent sur un événement extérieur à eux et dont la réalisation fera un heureux.
En dépit de cette différence, de plus en plus difficile de nos jours à mettre en œuvre (le « loto » est traité comme un jeu alors que techniquement, c'est un pari), le Code civil les traite ensemble et les soumet au même régime juridique. Nous adopterons ce point de vue : dans les développements qui vont suivre, le terme de jeu englobe les deux notions.
Il y a jeu et jeu : par principe fustigés par la loi en vertu d'une certaine éthique, certains d'entre eux jouissent néanmoins d'un traitement de faveur. L'autorisation désormais acquise des jeux et paris en ligne confirme ce que notre quotidien révélait (omniprésence des jeux dans les médias) que le principe est devenu l'exception, seul important en réalité que l'État conserve, directement ou indirectement, la mainmise sur ces activités.

Section 1 – Le principe de l'illicéité du jeu et du pari

Il résulte de l'article 1965 du Code civil que « *la loi n'accorde aucune action pour une dette du jeu ou pour le paiement d'un pari* ».

Cette sanction sévère donne un enjeu important à la qualification du contrat.

§ 1 – Notion de jeu ou pari

I – Identification

Une mise d'argent en vue d'un profit n'est pas nécessairement jeu ou pari.

• Ainsi les concours qui assortissent des promotions/publicités commerciales ne sont pas considérés comme tels car, d'une part, il n'y a aucun risque de perte pour les participants et, d'autre part, aucune chance de gains pour les organisateurs (dans le cadre de ce concours du moins, car, en fait, ils espèrent bien en avoir des retombées commerciales).

• Les opérations en bourse échappent également à la qualification, à condition qu'elles ne dissimulent pas en réalité des pures combinaisons de jeu sur la hausse et sur la baisse des valeurs.

II – Preuve

Il s'agit de combattre l'illicéité d'une opération.

Les règles de preuve échappent donc à la rigueur de l'article 1341 du Code civil : la preuve de dette de jeu/pari de l'obligation dont le paiement est réclamé peut être rapportée par tous moyens.

§ 2 – Les conséquences de l'illicéité

I – L'absence d'actions

La portée de l'exception de dette de jeu est double :

– **aucune action en paiement** n'est possible de la part de celui qui prétend avoir gagné (C. civ., art. 1965) ;

– et **aucune action en remboursement** des sommes versées n'est également possible de la part du joueur/parieur (C. civ., art. 1967).

Ces sanctions rejoignent celles retenues en cas de contrats immoraux : fondées, selon certains, sur l'adage « *nemo auditur propriam allegans* », elles interdisent tout pareillement aux parties à un tel contrat de pouvoir agir soit en paiement soit en répétition des sommes dues en vertu d'un contrat immoral. Toute tentative d'obtenir l'exécution d'une promesse de payer ses dettes de jeu est bien sûr vouée à l'échec.

L'interdiction atteint **également le tiers qui aura avancé les fonds** à un joueur. Pour le priver de son action en remboursement, il faut toutefois établir sa connaissance de la destination des sommes et leur emploi à cette fin.

II – Une prohibition d'ordre public

Le caractère d'ordre public de l'exception de dette de jeu emporte un régime procédural de nature à encourager la lutte contre les contrats de jeu et de pari :

– l'une ou l'autre partie peut invoquer l'exception à tout moment au cours de la procédure ;

– et le juge lui-même, sous réserve du respect du contradictoire, peut la relever d'office.

Section 2 – Les jeux et paris licites

Les règles du Code civil paraissent bien désuètes aujourd'hui tant pullulent les formes de jeu si licites que pour certains, l'État lui-même y participe par le truchement d'une entreprise publique.

Le Code civil avait déjà, dès le début, prévu des types de jeu/pari échappant à la prohibition.

Le législateur a multiplié par la suite les cas de figure.

§ 1 - Les contrats licites

• Ce sont tout d'abord ceux qu'énumère **l'article 1966** du Code civil : « *Les jeux propres à exercer au fait des armes, les courses à pied ou à cheval, les courses de chariot, le jeu de paume et autres jeux de même nature, qui tiennent à l'adresse et à l'exercice du corps, sont exceptés de la disposition précédente* [principe d'absence d'action] ».

Au-delà du caractère suranné de certains d'entre eux, il faut retenir, par ce texte, que sont autorisés, à condition qu'ils ne soient pas excessifs (art. 1966, al. 2), les jeux et paris **entre concurrents** et non ceux que les tiers peuvent faire sur eux.

• Ce sont ensuite ceux que diverses lois ont autorisés. Après les jeux de **casino**, les paris sur les courses de chevaux (**PMU**), les uns et les autres considérés comme licites parce que **prévus par la loi et organisés par les pouvoirs publics**, diverses formes de loteries ont été encouragées par ces derniers, l'État y ayant vu la possibilité de tirer profit de la passion « naturelle » (?) de l'être humain pour les jeux (création, par exemple, de la « Française des jeux », entreprise publique, qui a initié de multiples jeux, dont le **loto**). Les loteries publicitaires qui s'adressent à des consommateurs font l'objet, quant à elles, d'une réglementation détaillée dans le Code de la consommation (art. L. 1221-36 à L. 121-41).

• Depuis la loi du 12 mai 2010, ayant pour volonté notamment de réguler le secteur des jeux d'argent et de hasard en ligne (en luttant certes contre l'addiction des joueurs mais aussi contre les activités frauduleuses et le blanchiment des capitaux), **les jeux et paris**, qui ne sont « pas un commerce ordinaire » (art. 1er), **peuvent être faits en ligne** (Internet), s'agissant des paris sportifs, hippiques et du poker, mais les sociétés qui en font leur activité, doivent obtenir une licence d'exploitation accordée par l'Autorité de régulation des jeux en ligne (**ARJEL**).

• Enfin, les **marchés à terme** (dont le domaine de prédilection est la bourse) réglementés aux articles L. 211-35 s. du Code monétaire et financier (« contrats financiers »), qui portent sur des marchandises et valeurs qui doivent être livrées à terme, sont aussi des paris « économiques » lorsque cette livraison n'est pas effective et qu'il s'agit simplement pour les parties de jouer sur la différence de cours entre le jour de la vente et le jour fixé pour la livraison des biens.

§ 2 - Conséquences

• La licéité du contrat lui-même permet au gagnant de pouvoir **exiger le paiement des gains.**

• Et elle autorise l'organisateur du jeu à agir en **responsabilité si le chèque** remis par le joueur en paiement de son enjeu est **sans provision**.

• **En revanche, le prêt** au profit du joueur reste en principe sous le coup de l'article 1965 du Code civil et **demeure illicite**. La remise de plaques au client du casino, contre un chèque de remboursement à la fin du jeu peut toutefois être interprétée comme une « simple commodité » et n'est donc pas prohibée par l'article 1965, sauf circonstances de l'espèce révélant un prêt (position des chambres civiles de la Cour de cassation ; la chambre criminelle est moins tolérante et considère par principe que c'est un prêt et que c'est donc illicite).

Chapitre 2
Les contrats aléatoires fondés sur l'espérance de vie

L'essentiel

L'homme est mortel et de cela, on est certain. Ce qui en revanche est empli d'incertitude est le jour et l'heure de l'échéance fatale.

Cette donnée peut donner lieu à des spéculations, parfois jugées déplacées, voire sordides, sur la durée de vie d'une ou plusieurs personnes déterminées et d'essayer d'en tirer avantage : pour celui qui bénéficie d'une longévité hors du commun, il s'agit de se voir allouer une rente ou assurer son entretien au-delà de ce à quoi il aurait dû normalement avoir droit ; pour celui qui a contracté sur la tête d'une personne morte plus tôt qu'il n'était raisonnable de le prévoir, il s'agit de devenir propriétaire d'un bien sans en payer la valeur réelle.

Trois sortes de contrats peuvent répondre à ces préoccupations : le contrat de rente viagère, le bail à nourriture et le pacte tontinier. Le premier prévoit en contrepartie du transfert d'un bien (mobilier ou immobilier), le paiement d'une rente périodique tandis que la contrepartie, dans le deuxième, est constituée d'obligations en nature (soins et nourriture, voire logement). Quant au troisième, c'est une clause insérée dans la vente qui concerne plusieurs acquéreurs et qui permettra au dernier survivant d'entre eux d'être le seul propriétaire du bien dès le jour de l'acquisition. Mais dans les trois cas, ce qui constitue l'essence de ces contrats est l'existence de l'aléa sans lequel ils seraient dépourvus de cause.

Section 1 – Le contrat de rente viagère

La constitution de la rente viagère est le fait d'assurer à une personne sa vie durant le **versement périodique d'une somme d'argent** qui lui assurera des revenus réguliers.

Elle peut être constituée à titre gratuit (C. civ., art. 1969) : le bénéficiaire – le crédirentier – perçoit la rente sans contrepartie et ce versement est donc une libéralité que lui fait le débirentier. Le crédirentier ne court dans ce cas aucun risque et le contrat n'est donc pas réellement aléatoire.

Dans une acception plus orthodoxe, elle est constituée à titre onéreux, le crédirentier offrant le plus souvent la propriété d'un bien, immobilier ou mobilier (ce qui transforme la vente, par principe commutative, en vente aléatoire) – ce peut être aussi un apport en capital – en contrepartie du versement de la rente.

Se présentant fréquemment comme une **vente en viager**, l'intérêt pour ce contrat est renouvelé en ces temps où l'allongement de la durée de vie fait craindre des pensions de retraite insuffisantes : les rentes versées en contrepartie de l'aliénation d'un bien peuvent constituer le complément nécessaire à une vie décente après la cessation de l'activité professionnelle.

Récemment, l'institution a inspiré l'émergence d'une nouvelle sûreté hypothécaire, le prêt viager hypothécaire (C. consom., art. L. 314-1 s.), au terme duquel le remboursement est retardé au décès (sauf mutation entre-temps) de l'emprunteur et dont le montant se trouve limité à la valeur de la propriété du bien. Ce type de prêt n'est pas aléatoire mais retarde seulement l'exigibilité du prêt. Il ne relève donc pas de cette section (v. p. 73 s.).

§ 1 – La formation du contrat de rente viagère

L'aléa est au cœur de ce contrat : il est la condition essentielle de sa validité. Lorsqu'il est constitué moyennant le transfert de propriété d'un bien, ce transfert peut être modulé.

I – L'existence d'un aléa

Il est vérifié sous deux angles : l'incertitude quant au délai de vie de la personne sur la tête de laquelle la rente a été constituée ; un risque financier encouru par le débirentier.

A – L'aléa tenant à la personne

• La personne sur la tête de laquelle la rente est constituée peut être le **crédirentier**, seul ou avec une autre personne, en général son conjoint, ou encore une **tierce personne**. C'est en tout cas en leur endroit qu'on appréciera l'aléa tenant à la durée prévisible de leur vie et la fin de l'obligation de versement de la rente (échéance retardée au décès du second mourant lorsque la rente est sur la tête de deux personnes – clause de réversibilité au profit du conjoint survivant - ; on peut prévoir dans le contrat une diminution de la rente au premier décès).

• L'article **1974** du Code civil affirme la nullité du contrat si cette personne est déjà morte au jour du contrat.

• L'article suivant prévoit la même conséquence si elle était « *atteinte de la maladie dont elle est* **décédée dans les vingt jours** *de la date du contrat* », cette date étant, dans les promesses synallagmatiques comme dans les ventes conditionnelles, celle de **l'acte** et non celle de la réalisation de la dernière des conditions suspensives.

• La jurisprudence a élargi les cas de nullité en se fondant sur l'article **1131** du Code civil (**absence de cause** du contrat pour défaut d'aléa) toutes les fois où le **débirentier connaissait l'imminence du décès** (qui peut intervenir alors au-delà des vingt jours, voire au bout de plusieurs mois) au vu de l'état de santé de cette personne au jour du contrat.

B – L'aléa tenant à un risque financier réel

• Certes l'article 1976 du Code civil pose le principe de la **liberté des parties** pour fixer le taux de la rente, étant précisé qu'elles peuvent également prévoir le versement en sus d'un « **bouquet** » (somme versée au départ), surtout dans le cadre d'un viager portant sur un immeuble.

• Mais il faut que le débirentier encoure un **véritable risque financier** (il doit courir le risque de payer le bien plus cher que sa valeur). Pour cela, on vérifie que le taux de la rente ne soit pas inférieur aux revenus que procurerait le bien (valeur locative du bien, taux de placement du capital...) en tenant compte le cas échéant du montant du bouquet lorsqu'il y en a un. Lorsque le crédit-rentier s'est réservé l'usus de la chose vendue, on compare alors le taux par rapport à l'intérêt que produirait le capital représenté par la propriété grevée de l'usufruit.

• Et pour que l'aléa subsiste, il ne faut pas se contenter de convertir un prix (correspondant à la valeur du bien transmis) en paiement d'une rente. Celle-ci est certes calculée en fonction ce paramètre mais elle repose surtout sur un calcul tenant à **l'espérance de vie** de la personne sur la tête de laquelle la rente est constituée, **outre la rentabilité économique du bien**. Si la rente n'est que la conversion du prix de vente, ce n'est plus, selon la Cour de cassation, une vente aléatoire car la rente n'est alors qu'une modalité de paiement de ce prix.

II - Le transfert de propriété

Lorsque la constitution de la rente viagère a pour objet le transfert de propriété, qui plus est immobilier, deux situations sont à envisager.

A - Un transfert de propriété plein et entier dès le départ

• Le débirentier dispose alors des pouvoirs d'un **véritable propriétaire dès la conclusion du contrat** et le bien est sorti du patrimoine du crédit-rentier (elle constitue à cet égard un mode licite de contournement de la réserve héréditaire en privant les héritiers de tout droit sur le bien).

• Il a notamment celui de disposition du bien, la vente du bien ne mettant pas fin au service de la rente dont il restera tenu vis-à-vis du crédirentier.

B - La réserve de la jouissance de la chose

Dans ce cas de figure, le crédirentier peut :

– soit **se réserver l'usage et l'habitation du bien** (c'est-à-dire uniquement l'*usus* sans le *fructus*), ce qui le prive de la possibilité de pouvoir louer le bien (mais les contrats contiennent généralement une clause conférant ce droit au crédit-rentier dans l'hypothèse où il serait dans l'obligation, pour des raisons de santé ou d'âge, de vivre dans un établissement spécialisé),

– soit **se réserver l'usufruit du bien** (ce qui lui donne notamment le droit de le donner en bail), auquel cas les rapports entre le débirentier et lui sont régis par les règles applicables entre usufruitier et nu-propriétaire.

Dans l'un et l'autre cas de figure, le calcul de la rente prend en compte la valeur du droit laissé au crédirentier.

§ 2 - L'exécution du contrat de rente viagère

Elle tourne, pour l'essentiel, autour du versement de la rente (**arrérages**). Les sanctions attachées aux problèmes d'exécution sont en partie spécifiques, le défaut de paiement n'étant pas en soi cause de résolution du contrat.

I - Le versement de la rente

A - Les modalités

• Les versements se font suivant le rythme (tous les mois, trimestres ou années) et au lieu prévu par les parties. S'il n'y a pas de domiciliation (virement bancaire, par exemple), c'est, au regard du caractère de dettes d'aliments retenu pour la rente viagère, le principe de la **portabilité** (paiement au domicile du créancier d'aliments – C. civ., art. 1247, al. 2).

• Elle se fait la vie durant la personne ou les personnes sur la tête de la (des) quelle(s) elle a été constituée (mais les arrérages échus et non versés restent dus au profit de ses héritiers). Toutefois, une **rente « viagère » temporaire** (avec une date butoir pour la cessation du paiement de la rente pour le cas où le décès ne surviendrait pas avant) est possible si le taux de la rente est calculé de telle sorte que le crédirentier supporte bien un **réel risque financier** (montant des versements totaux, si le contrat va jusqu'au bout, sensiblement supérieurs à la valeur du bien) : ce contrat est bien aléatoire et est assimilé à une vente en « viager ».

• Le crédirentier dispose, en garantie du paiement de la rente, du **privilège du vendeur d'immeuble** de l'article 2374 du Code civil dans le cadre d'une vente immobilière en viager (**sans l'action résolutoire** pour défaut de paiement du prix).

• Le débirentier **ne peut imposer au crédirentier une exécution par équivalence**, telle que celle de lui racheter la rente (versement d'un capital représentatif de la valeur de la rente viagère) – art. 1979 du Code civil.

• Il **ne peut non plus lui imposer un autre débiteur** : la vente du bien ne transfère pas la charge du versement de la rente sur la tête du nouveau propriétaire.

• Ces deux précédentes règles ne sont cependant pas d'ordre public et les parties peuvent en convenir autrement. Il arrive aussi que le débit-rentier souscrive un contrat d'assurance pour que la compagnie assure à sa place le versement de la rente.

• Enfin, que ce soit pour le paiement des arrérages échus ou pour celui de la rente elle-même, l'action en paiement est soumise au même délai de prescription de droit commun de cinq ans qui court à compter de l'exigibilité de la somme (C. civ., art. 2224).

B - La réactualisation du montant de la rente

• Elle peut provenir d'une **indexation** de la rente sur un indice pour le choix duquel les parties disposent d'un large pouvoir et peuvent même opter pour l'indice général des prix et salaires car ce sont des dettes d'aliments (C. mon. fin., art. L. 112-2, al. 2).

• Par **dérogation** au principe, énoncé à l'article 1979, selon lequel le débirentier *« est tenu de servir la rente pendant toute la vie de la personne... quelque onéreux qu'ait pu devenir le service de la rente »* (il n'y a pas de place à la théorie de l'imprévision en droit privé), **certaines lois,** dont la loi fondamentale en la matière du 25 mars 1949, **confèrent au juge le pouvoir de modifier le montant de la rente** en cas de bouleversement de l'équilibre du contrat en raison de circonstances économiques non prévues.

• La loi susvisée du 25 mars 1949, applicable pour le versement de rentes en numéraire en contrepartie de biens immobiliers ou mobiliers (y compris les fonds de commerce), prévoit en outre une correction légale du jeu de l'indice pour que la rente versée n'excède pas en capital la valeur du bien et qu'elle ne descende pas en dessous d'un montant minimum (fixé annuellement par décret).

II - Les sanctions du défaut d'exécution

Les problèmes d'exécution sont à envisager du côté du débirentier qui peut être défaillant dans le service de la rente. Le principe posé dans le Code civil n'est pas d'ordre public et les aménagements conventionnels sont fréquents.

A - Le principe

Il est posé à l'article **1978** du Code civil en deux temps.

• « *Le seul défaut de paiement des arrérages de la rente n'autorise point celui en faveur de qui elle est constituée à demander le remboursement du capital, ou à rentrer dans le fonds par lui aliéné* ». Le **crédirentier ne peut donc bénéficier de l'action résolutoire du vendeur d'immeuble** en cas de non-paiement des arrérages de la rente.

• « *Il n'a que le droit de saisir et de faire vendre les biens de son débiteur et de faire ordonner ou consentir, sur le produit de la vente, l'emploi d'une somme suffisante pour le service des arrérages* ». Le choix d'une vente immobilière sous forme d'un viager paraît donc irréversible puisque le crédirentier ne peut pas percevoir, à titre de paiement par équivalent en capital, le prix de la vente du bien : il a seulement droit de percevoir, calculée sur ce prix, une rente viagère.

B - Les aménagements conventionnels

Pour se libérer du carcan de l'article 1978 qui n'est pas érigé en règle d'ordre public, les parties insèrent fréquemment (c'est même devenu une clause de style dans les ventes immobilières) une **clause résolutoire en cas de défaut de paiement des arrérages de la rente**.

• Pour qu'elle puisse être efficace, elle doit être **rédigée en termes précis** et ne pas donner une latitude d'appréciation au crédirentier. La résolution doit être encourue dès que l'événement visé à la clause arrive : elle ne doit pas dépendre du bon vouloir du créancier.

• Sa mise en œuvre suppose, dans un premier temps, une **mise en demeure** du débirentier d'avoir à exécuter ses obligations et la résolution ne peut intervenir qu'après un laps de temps suffisant pour que ce dernier ait la possibilité de le faire.

• Le crédirentier ne doit pas trop attendre pour sa mise en œuvre sous peine d'être considéré comme ayant renoncé à s'en prévaloir.

• Le service de la rente étant un **droit personnel non transmissible**, les héritiers ne peuvent se prévaloir de la clause résolutoire à l'encontre du débit-rentier défaillant que si le crédit-rentier avait lui-même accompli les formalités pour la mettre en œuvre.

• Une fois acquise et revendiquée, la résolution produit un **effet radical** : le crédirentier recouvre la propriété du bien, ce qui suppose qu'il trouve un autre acquéreur ; toutefois, il est rarement condamné dans ce cas de figure à restituer l'intégralité des arrérages versés (conservés à titre indemnitaire).

Section 2 - Le bail à nourriture

Création prétorienne (mais la notion provient de l'Ancien droit – il était alors un louage, ce qu'il n'est plus), le bail à nourriture est une modalité très particulière d'un contrat viager. Il connaît un certain regain de faveur car il apporte une solution alternative (tout comme la vente en viager) à la préoccupante question de s'assurer une condition de vie décente après la cessation de l'activité professionnelle.

§ 1 - Notion

Le bail à nourriture est un *contrat par lequel une personne s'engage à assurer à une autre le logement, la nourriture et l'entretien sa vie durant, moyennant soit le versement d'un capital ou le versement périodique de sommes d'argent, soit le transfert de propriété d'un bien.*

Fiscalement, c'est une vente (il ne doit pas y avoir d'intention libérale) soumise aux droits de mutation correspondant.

Lorsqu'il est constitué moyennant le transfert de propriété d'un bien, il se rapproche du contrat de rente viagère sauf que la **contrepartie est en nature**, non sous forme de rente. Le bail à nourriture ne se trouve donc pas soumis aux règles concernant la vente en viager. Spécialement, la nullité n'est pas en principe encourue même si le créancier décède dans les vingt jours de la conclusion du contrat (sauf en cas de grand âge ou du très grave état de santé du créancier). Contrat indiscutablement aléatoire, la rescision pour lésion ne lui est pas non plus applicable.

Relevant d'une conception un peu désuète, il reste un contrat usité dans le cadre de certaines relations, souvent familiales ou très affectives (il ne faut pas qu'il ait pour but, dans ce cas de figure, d'éluder des droits de succession qui auraient normalement dû être acquittés, l'administration fiscale étant très vigilante sur ce point). On le trouve aussi stipulé lors de l'entrée dans une communauté religieuse (abandon des biens moyennant prise en charge intégrale la vie durant).

Les caractéristiques de ce contrat sont :

– le **caractère viager** puisque l'obligation du débiteur demeure tant que le créancier est vivant ;

– **aléatoire** car chacune des parties encourt un risque financier, le débiteur d'avoir une charge en nature très lourde par rapport à la contrepartie reçue si son créancier vit longtemps (encore plus si son état de santé se dégrade fortement) et, dans le cas contraire, ce dernier (c'est en fait ses héritiers qui vont en subir les effets par la privation du bien sans contrepartie réelle dans le patrimoine du *de cujus*) d'avoir fait profiter son débiteur d'un bien ou d'un capital d'une valeur supérieure à celle des obligations qu'il a assumées ;

– il est surtout **personnel** (on envisage difficilement de telles obligations entre étrangers) ; aucune substitution de personnes dans l'obligation d'entretien n'est envisageable (l'exercice d'un droit de préemption est par là même exclu ; l'obligation ne se transmet pas aux héritiers du débiteur) ;

– enfin, reposant sur des obligations en nature correspondant aux besoins du créancier d'aliments, il exclut toute difficulté liée à l'évolution du coût de la vie et à la dépréciation monétaire (aucune indexation n'est à prévoir ni aucun mécanisme lié à l'imprévision).

§ 2 - Difficultés d'exécution

• L'aspect *intuitus personae* très prononcé de ce contrat le rend d'un usage délicat. Tout repose sur **l'entente des parties** : si elle disparaît, l'exécution devient une source de conflit permanent.

• L'essence même du contrat portant sur l'exécution en nature des obligations du débiteur interdirait au juge de pouvoir le convertir, de sa propre initiative, en contrat de rente viagère. Ils s'autorisent parfois cependant à le faire (avec l'assentiment de la Cour de cassation) face à des circonstances particulières et spécialement à la vive mésentente des parties (en tenant compte notamment du caractère particulièrement acariâtre de l'une ou l'autre parties rendant impossible l'exécution en nature du contrat).

• Mais comme elle ne s'impose nullement au juge qui jouit sur ce point d'un large pouvoir d'appréciation, les contrats prévoient en général une **clause de conversion en rente viagère**.

• Le contrat n'étant pas soumis à l'article 1978 du Code civil, la **résolution** peut être prononcée à la demande du bailleur **pour défaut d'entretien** ; il en va de même lorsque le débiteur est mis dans une situation où il ne peut plus remplir son obligation (éloignement, décès).

• Les parties peuvent avoir prévu à cet égard une **clause résolutoire** qui produira son plein effet si elle répond aux exigences vues ci-dessus.

Section 3 - Le pacte tontinier

Appelée aussi **tontine**, ou **clause d'accroissement** (mais cette expression est ambiguë car elle peut viser d'autres mécanismes juridiques), l'opération orchestrée par un pacte tontinier consiste en un investissement commun à plusieurs dont le bénéfice final ne reviendra qu'à certains.

En cela la Cour de cassation y a vu un contrat aléatoire.

Ce procédé se rencontre surtout dans deux secteurs : financier et vente immobilière.

La première variété de tontine relève du **droit des assurances**. Il s'agit pour les souscripteurs, réunis en association, d'améliorer le rendement de leurs produits de placements mais la perception des bénéfices est retardée à une échéance assez lointaine (15 à 25 années) et ceux-ci ne seront versés qu'aux survivants. L'attraction de ce type de produits provient de ce que les gains sont traités fiscalement comme les produits d'assurance-vie (taux réduit).

Cette tontine ne sera pas évoquée davantage ici.

La seconde variété concerne les **ventes immobilières**. Elle est insérée comme une condition particulière de l'acquisition faite à plusieurs (en général deux) qui conduira à considérer que le dernier survivant est réputé avoir été seul propriétaire du bien *ab initio*. Son régime a été défini par la jurisprudence.

Il faut préciser les conditions de validité avant d'en voir les effets puis son dénouement.

§ 1 – Mise en place du pacte tontinier

Clause insérée dans l'acte de vente (elle ne peut être stipulée ultérieurement sous peine de ne pouvoir produire l'effet rétroactif recherché), elle présente la particularité d'être un contrat dans un contrat (elle ne concerne d'ailleurs pas le même rapport contractuel, le vendeur n'étant pas concerné par cette stipulation) et rend aléatoire entre les parties au pacte tontinier ce qui est commutatif entre elles et le vendeur. Le défaut d'aléa, s'il est constaté, n'affecte donc pas la vente elle-même mais seulement les rapports entre les protagonistes.

Pour l'opposabilité aux tiers, le pacte tontinier fait l'objet d'une publicité au fichier immobilier.

• Pour être efficace, la clause doit être rédigée comme une **double condition** :

– l'acquisition est faite sous la condition suspensive de survie pour le bénéficiaire ;

– et sous la condition résolutoire de prédécès pour les autres parties.

Par **l'effet rétroactif des conditions**, l'acquéreur seul survivant voit son droit de propriété conforté et comme celui des autres « participants » se trouve résolu du fait de leur prédécès, il en est le seul propriétaire.

• La jurisprudence veille à l'existence d'un **véritable aléa** et vérifie les chances de survie de chacune des parties. Pour cela, une grande différence d'âge peut être de nature à remettre en cause la validité de la clause surtout si cela s'accompagne d'un état de santé très fragile.

De même, le financement doit être assuré par tous. Si un seul acquéreur l'assure, il n'y a plus d'aléa pour les autres et la clause est inefficace (requalification en donation déguisée) mais la vente est maintenue.

• Ce n'est **pas un pacte sur succession future** car au moment de l'ouverture de la succession des prédécédés, le bien ne se retrouve pas dans leur patrimoine successoral puisqu'elles sont réputées n'en avoir jamais été propriétaires (effet de la condition résolutoire).

§ 2 – Les effets du pacte tontinier

• Pendant la durée de l'opération, tant que les conditions sont pendantes, les **coacquéreurs sont solidaires** les uns des autres.

• **Le bien ne se trouve pas en indivision** car il n'y a pas de concours de droits de propriété de sorte qu'aucun participant ne peut demander le partage (v. C. civ., art. 815) pour se sortir de la situation de tontine, ni demander un partage judiciaire, une licitation, une attribution préférentielle. Ils doivent tous renoncer à la tontine pour pouvoir basculer alors dans un régime d'indivision.

• Toutefois, **pour la jouissance du bien *pendante conditione*,** on applique les **règles prévues pour la jouissance d'un bien indivis** si rien n'a été prévu dans le pacte tontinier. Spécialement, les actes de disposition sur le bien supposent l'unanimité des « coacquéreurs ». De même, chacun d'entre eux doit contribuer aux dépenses générées par la gestion du bien et il y a un recours de celui qui a payé plus que sa part contre les autres.

• Chaque participant **peut céder ses droits conditionnels aux autres participants**, soit par une cession de son droit de propriété sous condition suspensive, soit par une renonciation à la condition résolutoire.

§ 3 - Le dénouement du pacte tontinier

• Il intervient lorsqu'il n'y a plus qu'un seul survivant des partenaires du pacte, qui, par sa survie, est ainsi le seul propriétaire du bien depuis l'acte d'acquisition.

• C'est un avantage qui ne donne **pas lieu à une action en réduction** (C. civ., art. 922) de la part des héritiers des prédécédés car il ne résulte pas d'une donation du *de cujus*, **ni à une action en retranchement** offerte aux héritiers nés d'un autre lit pour les avantages matrimoniaux dont bénéficie le conjoint survivant qui n'est pas leur parent (art. 1527, al. 2 ; C. civ.) : la tontine n'est pas plus un avantage matrimonial qu'une donation.

• **Fiscalement**, le traitement de faveur (perception des droits de mutation – 5,09 % en 2015- pour la part dont le bénéficiaire n'était pas propriétaire) est réservé aux pactes conclus pour l'acquisition de la résidence principale et à condition que le prix n'ait pas excédé 76 000 €. Toute autre situation est traitée comme une donation et donne lieu à la perception des droits afférents (en l'absence d'un lien de parenté proche, 60 % de la valeur des droits transmis).

• Mais le pacte tontinier reste malgré tout **le moyen de passer outre la réserve héréditaire** en soustrayant le bien du patrimoine successoral du prédécédé et cet aspect est la motivation première pour les parties d'y avoir recours (d'où la nécessité de bien vérifier l'existence de l'aléa).

Pour aller plus loin

Exemples de sujets d'examen

Dissertations

- Le contrat aléatoire
- L'illicéité des jeux et paris

Sujets d'oraux

- L'exécution du contrat de rente viagère
- Le défaut de paiement des arrérages (constitution de rente viagère)
- Le bail à nourriture
- Le pacte tontinier

Quatrième partie

Les contrats sur les litiges

Lorsque surgit un différend entre les parties, elles peuvent essayer de le résoudre par elles-mêmes et pour que cet accord ait une force exécutoire, elles conviendront d'une transaction qui les liera et que le juge lui-même peut entériner. À défaut, la solution de leur conflit relève par principe du juge étatique (en droit interne, si les parties sont commerçantes, elles peuvent le choisir territorialement par une clause attributive de juridiction ; en droit international privé, le règlement (UE) du 12 décembre 2012 Bruxelles I refondu ouvre cette possibilité en matière civile et commerciale à toute personne en posant des garde-fous pour les parties « faibles », assuré, consommateur ou salarié). Dans certains cas, elles ont la possibilité de convenir, soit par avance (clause compromissoire), soit au moment du litige (compromis), de soumettre leur différend à une justice privée, l'arbitrage. Enfin, l'influence des droits anglo-saxons a conduit à la récente introduction en droit français de modes alternatifs de règlement des litiges (Alternative Dispute Resolution – ADR) dont la convention de procédure participative par laquelle les parties, assistées de leur(s) avocat(s), vont faire en sorte de régler elles-mêmes leur différend sans recourir au juge.

Chapitre 1
La transaction

L'essentiel

Mot polysémique, la transaction est envisagée strictement dans le Code civil comme étant le « contrat par lequel les parties terminent une contestation née ou préviennent d'une contestation à naître » (art. 2004).
La jurisprudence y a apporté une précision essentielle : la transaction suppose des concessions réciproques de part et d'autre.
*De cette double définition ressortent ainsi deux aspects essentiels de la transaction : une **situation litigieuse** et des **concessions réciproques** entre les parties.*
• La transaction au sens juridique du terme se situe dans la perspective, avérée ou en germe, d'un véritable litige (la simulation d'un différend affecte de nullité la transaction). La transaction a pour but d'y mettre fin ou de le prévenir. En l'absence de litige, soit la transaction est nulle, soit elle doit être requalifiée.
• Comme le rappelle constamment la Cour de cassation, l'existence de concessions réciproques participe tout autant de l'essence du contrat. Elles n'ont pas besoin d'être de même valeur mais elles ne doivent pas être dérisoires (elles seraient tenues pour inexistantes, ce qui justifierait la nullité du contrat). Ce peut être la renonciation à une prétention et non nécessairement à un droit. La concession peut être indirecte et concerner un tiers dès lors qu'une des parties y trouve un intérêt.
*• La transaction **se distingue** :*
*– **du compromis** car elle met fin au différend alors que ce dernier désigne l'arbitre qui tranchera le litige ;*
*– **de l'acquiescement ou du désistement** par lesquels la ou les parties renoncent à une action ou un recours sans nécessairement se faire des concessions réciproques ;*
*– **du partage amiable** par lequel les coindivisaires mettent fin à l'indivision, quoique parfois le partage puisse mettre fin aussi à un litige entre eux ; il y a alors un seul acte mais un double effet (partage-transaction) ;*
*– **du jugement** lorsque l'intervention du juge se situe dans le cadre de son activité juridictionnelle (telle l'ordonnance rendue au pénal suite à une comparution sur reconnaissance préalable de culpabilité – C. pr. pén., art. 495-7 s.) ; s'il se borne à constater l'accord des parties (procès-verbal de conciliation ; jugement de donné-acte ; certaines homologations comme celle prévue à l'art. L. 423-16 C. consom. pour les accords négociés au nom d'une association de consommateurs), l'acte conserve sa nature conventionnelle (c'est un « contrat judiciaire »).*
Il convient de voir les conditions portant sur la formation de ce contrat avant d'en préciser les effets.

Section 1 - La formation du contrat de transaction

En tant que contrat, la transaction doit répondre aux conditions de validité communes à tous les contrats.

Toutefois, quelques particularités sont prévues tenant à l'objet, la capacité et le consentement des parties. Il faut aussi s'arrêter sur la forme qu'elle doit revêtir.

§ 1 - L'objet du contrat de transaction

Critères. La question principale concernant l'objet est la **libre disposition des droits** qui est appréhendée autour de trois critères.

• Les droits doivent être **dans le commerce**. On ne transige pas sur l'état des personnes (mais on le peut sur les conséquences pécuniaires dès que l'état est établi, telle la transaction des ex-époux sur la prestation compensatoire après le prononcé de leur divorce).

• Les **droits d'intérêt public** ne sont **pas susceptibles de transaction**. Ainsi, en principe, il n'y a pas de transaction sur les actions publiques sauf dérogations expresses de la loi (admises en droit fiscal ou douanier, ou encore en droit de la concurrence).

• Les **droits d'ordre public ne peuvent faire l'objet de renonciation tant qu'ils ne sont pas acquis** et, en conséquence, aucune transaction ne saurait valablement intervenir à leur sujet. Mais dès qu'ils sont nés, la transaction devient possible : l'exemple le plus courant se trouve en droit du travail où le salarié peut valablement accepter une transaction sur les modalités financières de son licenciement une fois celui-ci intervenu.

§ 2 - La capacité de transiger

La transaction est considérée comme un **acte de disposition**, ce qui conduit à l'application des règles de représentation et de pouvoirs spécifiques.

• La transaction au nom d'un **mineur** ne peut intervenir qu'avec l'**autorisation du juge des tutelles**, qu'il soit représenté par ses deux parents (C. civ., art. 389-5, al. 3) ou qu'il fasse l'objet d'une administration légale sous contrôle judiciaire (C. civ., art. 389-6).

• La transaction passée par le tuteur d'un mineur ou d'un majeur en tutelle requiert l'**autorisation du Conseil de famille ou, à défaut celle du juge des tutelles** (C. civ., art. 506).

• Le majeur en curatelle peut transiger avec l'**assistance du curateur** (C. civ., art. 467).

• Les **mandataires conventionnels** doivent avoir reçu un **pouvoir exprès** pour transiger, sauf pour ceux titulaires d'un mandat *ad litem* (représentation en justice), ce qui est le cas des avocats.

• Les **mandataires légaux** d'une procédure collective (administrateur ou liquidateur judiciaire) doivent être **autorisés** par le juge commissaire.

• Les communes et établissements publics « ne peuvent transiger qu'avec l'autorisation du Premier ministre » (C. civ., art. 1945).

§ 3 – Le consentement des parties

La particularité du régime de la transaction, par rapport aux règles du droit commun concernant la protection du consentement des parties qui s'appliquent dans leur ensemble (en particulier celles relatives au dol et à la violence – C. civ., art. 2053, al. 2), tient à l'**aménagement qui en est fait s'agissant de l'erreur** et qui repose sur deux règles dont l'articulation n'est pas évidente :

– l'article 2052 du Code civil précise que les transactions « **ne peuvent être attaquées pour cause d'erreur de droit, ni pour cause de lésion** »,

– tandis que l'article 2053, al. 1er, du même code apporte une nuance en affirmant que « *néanmoins, une transaction* **peut être rescindée, lorsqu'il y a erreur sur la personne ou sur l'objet de la contestation** » (l'erreur devant alors répondre aux conditions de l'article 1110 C. civ.).

L'impossibilité d'obtenir la nullité pour erreur de droit se comprend car la transaction implique que les concessions réciproques représentent le risque accepté par les parties quant à l'erreur qu'elles peuvent faire sur la valeur juridique de leurs prétentions.

Mais il est tentant pour celle qui réalise qu'elle a commis une erreur importante de transformer son erreur de droit en une erreur sur l'objet de la contestation, c'est-à-dire sur le droit qui est l'objet de la contestation, que ce soit son existence ou sa nature, pour fonder une demande en nullité. Ce tour de passe-passe est parfois accepté par la Cour de cassation elle-même.

Le Code civil admet pareillement que l'erreur sur le titre, en particulier lorsque la transaction est intervenue en contemplation d'un titre nul (C. civ., art. 2054), de même que celle qui repose sur des pièces fausses ou nulles (C. civ., art. 2055), sur un procès terminé par un jugement passé en force de chose jugée et ignoré d'elles (C. civ., art. 2056) justifient la nullité de la transaction, sauf si la transaction portait « *sur toutes les affaires qu'elles pouvaient avoir ensemble* » (C. civ., art. 2057).

Par ailleurs, le Code civil prévoit que l'erreur de calcul donne lieu simplement à « réparation » (C. civ., art. 2058).

§ 4 – La forme du contrat de transaction

En dépit de la précision faite à l'article 2044, al. 2, du Code civil selon laquelle, « *ce contrat doit être rédigé par écrit* », le **principe du consensualisme** vaut pour la transaction.

Cette disposition est interprétée comme réglant uniquement la question de la preuve du contrat, avec les exceptions usuelles : dispense d'écrit en présence d'un commencement de preuve par écrit (art. 1347) ou en cas d'impossibilité morale (art. 1348), liberté de la preuve en matière commerciale.

Toutefois, **pour certaines transactions, l'écrit est exigé *ad validitatem* par disposition expresse de la loi** (C. civ., art. 265-2 pour celle intervenant au cours d'un divorce et s'agissant des biens soumis à publicité foncière, il faut même un acte notarié ; art. L. 211-9 C. assur., pour celles concernant un accident de la circulation).

Section 2 – Les effets du contrat de transaction

Ils sont au nombre de trois.

§ 1 – L'effet déclaratif

Cet effet emporte :

– que la transaction n'emporte **pas création ou transfert de droits** ;

– qu'elle ne constitue **pas une novation** (les formalités de l'article 1690 C. civ. – signification de la cession de créance – sont donc exclues).

Ceci a pour conséquence qu'une transaction sur un droit de propriété ne vaut pas juste titre, la partie qui se voit le reconnaître est supposée avoir été propriétaire du bien avant même que la transaction n'intervienne.

Fiscalement, la transaction est considérée néanmoins comme une mutation si elle conduit à mettre le bien qui en est l'objet entre d'autres mains que celles qui le détenaient auparavant (droits d'enregistrement de vente s'il s'agit d'une mutation entre vifs, droits successoraux si la transaction allotit un héritier de biens non reçus avant).

§ 2 – L'effet extinctif

C'est le but poursuivi : mettre fin à toute action en justice.

I – Principe

• L'article **2052 du Code civil assimile la transaction à un jugement** : « les transactions ont, entre les parties, l'***autorité de la chose jugée*** en dernier ressort ».

• Cette autorité permet, à l'instar d'un jugement, de soulever une exception d'irrecevabilité à l'encontre d'une action en justice qui porterait sur le(s) droit(s) transigé(s).

• Intervenant en cours d'instance (c'est une transaction judiciaire), elle dessaisit le juge. Il demeure néanmoins compétent pour assurer l'exécution de la transaction en la constatant, voire en lui conférant une force exécutoire.

II – Limites

• L'effet extinctif ne concerne **que les seuls droits** qui ont été l'objet de la transaction comme l'exprime l'article 2048 du Code civil : « Les transactions se renferment dans leur objet : la renonciation qui y est faite à tous droits, actions et prétentions, ne s'entend que de ce qui est relatif au différend qui a eu lieu ».

• L'article 2049 de ce Code complète ce texte en précisant qu'« elles ne règlent que les différends qui s'y trouvent compris, soit que les parties aient manifesté leur intention par des expressions spéciales ou générales, soit que l'on reconnaisse cette intention par une suite nécessaire de ce qui est exprimé ».

• La Cour de cassation considère de ce fait que l'**interprétation** des transactions doit se faire **restrictivement**, ce qui amoindrit la portée de l'effet extinctif affirmé à l'article 2052.

• L'effet extinctif est relatif : il ne se produit qu'à l'égard des parties au contrat, et ne concerne ni les tiers (sauf si une association de groupe de consommateurs – C. consom., art. L. 423-16 – a été constituée, auquel cas tous les adhérents sont concernés) ni les autres parties au litige qui n'auraient pas accepté, ès qualités, ladite transaction (C. civ., art. 2051). Toutefois, à l'instar de tout jugement, les tiers (garants, coobligés solidaires, fisc, Urssaf) peuvent s'en prévaloir si cela va dans le sens de leurs intérêts.

• La situation de fait qu'elle consacre peut inversement leur être opposée. Cette opposabilité est parfois aménagée et être subordonnée à certaines conditions, telle l'obligation d'inviter le tiers à participer à la transaction (ex. : CSS, art. L. 376-3).

§ 3 – L'effet obligatoire

• Si la transaction contient des obligations accessoires (paiement d'une somme d'argent, livraison d'une chose), les parties doivent les respecter et les exécuter comme dans tout contrat synallagmatique.

• L'exécution forcée est possible.

• Le contrat peut prévoir à ce sujet une clause pénale, déclarée licite selon l'article 2047 du Code civil.

• Enfin, on admet, du moins en théorie (les cas où elle est effectivement prononcée sont rares), la possibilité d'obtenir la résolution du contrat pour inexécution (à condition que cette dernière soit suffisamment grave pour la justifier) ou le jeu de l'exception d'inexécution.

Chapitre 2
La convention d'arbitrage

L'essentiel

L'arbitrage est un mode juridictionnel de règlement des litiges par une « autorité » qui tient son pouvoir de juger non de la loi (comme c'est le cas pour les juges étatiques) mais de la convention des parties. De cet aspect contractuel résulte un régime très différent d'une procédure étatique quant à l'étendue des pouvoirs des parties et des arbitres.

Section 1 – Premières vues

Caractéristiques. Elles se présentent en plusieurs points essentiels.

• L'arbitrage a la réputation d'offrir une **solution rapide** au litige (mais la différence entre la juridiction étatique et celle d'arbitrage est moins patente aujourd'hui), d'assurer une **discrétion** (la sentence ne sera pas publiée si les parties le demandent) et une **souplesse** de la procédure et de permettre de choisir des juges en raison de leur compétence au vu de l'objet du litige. Il reste, par rapport à une procédure devant un juge étatique en France (dans certains pays, la différence n'est guère sensible), d'un **coût sensiblement plus élevé** (rémunération des arbitres, prise en charge de tous les frais de la procédure...). On le trouve donc surtout dans le monde des affaires.

Il est particulièrement prisé dans le **commerce international** où les parties apprécient de pouvoir être jugées selon les seuls principes et usages de leur monde professionnel (*lex mercatoria*), à l'exclusion de tout système juridique étatique (de caractère national ou supranational). Il n'est pas envisageable en effet de demander au juge étatique, français du moins, de statuer uniquement sur de tels principes. L'engouement pour cette justice privée dans le droit du commerce international se manifeste au regard même du régime français de l'arbitrage international où domine le *favor arbitrandum* (on favorise les solutions qui en assurent l'efficacité).

• L'arbitrage a un double aspect, juridictionnel et conventionnel, qui en fait toute l'originalité.

– Ce n'est **pas une transaction** qui ne comporte pas cet aspect juridictionnel. De plus, l'arbitrage ne suppose pas l'existence de concessions réciproques.

– Ce n'est **pas davantage une conciliation ou une médiation** qui n'aboutissent qu'à des propositions, non des décisions, soumises à l'acceptation des parties.

– Ce n'est **pas non plus une forme d'expertise** car l'expert ne rend qu'un avis et ne statue pas en droit. Cela vaut pour le « faux » arbitre visé à l'article 1592 du Code civil qui, tout en étant plus qu'un expert, n'est malgré tout qu'un mandataire des parties chargé de compléter le contrat s'agissant du prix. Sa décision est intégrée au contrat, elle n'a pas de caractère juridictionnel.

– Ce n'est **pas un mandat** en dépit de l'accent qui est mis sur la « mission » confiée par les parties à l'arbitre, mission que celui-ci doit accepter : un mandataire n'a pas le pouvoir de juger et l'arbitre ne représente pas les parties.

– L'arbitre tenant son pouvoir de juger de la convention des parties, l'effet relatif qui y est attaché conduit à des difficultés en présence d'un litige mettant en cause plusieurs parties dont certaines d'entre elles ne sont pas parties à la convention d'arbitrage (problème posé par l'arbitrage mulipartite : on ne peut imposer à une partie un arbitre qu'elle n'a pas librement choisi, soit qu'elle n'a pas souscrit de convention d'arbitrage, soit que sa propre convention prévoit un autre arbitre). La constatation de l'indivisibilité des litiges est inopérante et ne résoud pas la difficulté.

• Le recours à l'arbitrage résulte de deux types de conventions :

– soit les parties l'ont prévu dès le départ et la saisine de l'arbitre, si un litige survient, sera fondée sur l'existence d'une **clause compromissoire** (« la clause compromissoire est la convention par laquelle les parties à un ou plusieurs contrats s'engagent à soumettre à l'arbitrage les litiges qui pourraient naître relativement à ce ou ces contrats », C. pr. civ., art. 1442) ;

– soit, en l'absence d'une telle clause, elles décident, face au litige qui les oppose, de recourir à un arbitrage pour sa solution et elles établiront alors un **compromis** (« le compromis est la convention par laquelle les parties à un litige né soumettent celui-ci à l'arbitrage », *ibid.*). Il peut intervenir alors même qu'une instance est déjà engagée devant une juridiction (C. pr. civ., art. 1446).

Depuis le décret du 13 janvier 2011 réformant le droit de l'arbitrage, il n'y a plus lieu de distinguer entre les deux types de conventions quant à la forme, quant à leur mise en œuvre et quant à leurs effets, l'une ou l'autre constituant les deux éléments de l'**unique catégorie de convention d'arbitrage** de l'article 1442 du Code de procédure civile.

Dans l'un et l'autre cas, c'est en fait un **tribunal arbitral** qui est très majoritairement prévu dans les conventions, chacune des parties choisissant son arbitre et les deux arbitres ainsi désignés élisant un troisième qui sera le président du tribunal ainsi constitué.

• De même, les parties ont-elles le choix entre deux types d'arbitrage :

– l'**arbitrage *ad hoc*** où les parties nomment elles-mêmes les arbitres qui ne siègent que pour leur litige,

– et l'**arbitrage institutionnel** qui se déroule sous l'égide d'une instance – publique ou privée – d'arbitrage (ex. la cour d'arbitrage de la Chambre de commerce internationale de Paris) qui a à sa disposition des arbitres qui siègent régulièrement et qui sont répertoriés en fonction de leurs spécialités ; ces instances ont un règlement interne qui facilite la mise en place de l'arbitrage, ce qui explique sans doute pourquoi ce mode est souvent préféré à l'autre par les parties.

• Enfin, contrairement à une idée reçue, **l'arbitre tranche le litige conformément aux règles de droit** (selon la Cour de cassation, les arbitres, qui se fondent uniquement sur la *lex mercatoria*, statuent malgré tout en droit si les principes sont entérinés par la jurisprudence nationale). Pour qu'il puisse statuer comme amiable compositeur (c'est-à-dire en équité), les parties doivent lui en avoir conféré le pouvoir exprès (C. pr. civ., art. 1474).

Section 2 – Les conditions de validité de la soumission à un arbitrage

Pour qu'il y ait arbitrage, il faut que le litige soit « arbitrable » : c'est la première question qu'il convient de résoudre avant de voir les conditions classiques de validité.

§ 1 – L'arbitrabilité du litige

Cette question, souvent confondue avec celle de la validité de la convention, se situe en amont car elle touche à l'essence même du pouvoir de *jurisdictio* du juge étatique qui, s'il présente une particulière impérativité, ne saurait être aménagé par les parties.

Elle est régie par deux textes du Code civil.

• L'article **2059** pose l'arbitrabilité du litige si les droits sont disponibles.

• Selon, l'article **2060**, ne sont toutefois pas arbitrables les litiges sur l'état et capacité des personnes, divorce et séparation de corps compris, ceux intéressant les collectivités publiques et les établissements publics et, de façon générale, toutes les matières intéressant l'ordre public.

La combinaison de ces deux articles fait ressortir trois orientations, les droits, les matières et les personnes, étant précisé qu'elles sont en réalité en étroite imbrication et qu'il est parfois difficile d'identifier ce qui relève de chacun des critères posés par le Code civil.

I – Les droits

L'exigence de la **libre disposition des droits** (ceux auxquels on peut renoncer ou qu'on peut céder) exclut :

– les droits extra-patrimoniaux (l'état et la capacité des personnes par excellence, mais les conséquences pécuniaires sont, elles, arbitrables), ce que dit expressément l'article 2060,

– ou ceux, patrimoniaux, qui ont une indisponibilité « temporaire » en ce qu'ils le sont tant qu'ils ne sont pas acquis, tels les droits du locataire, du salarié, du créancier d'aliments ; cette précision explique que le compromis (qui intervient une fois le différend né et, donc, en général, lorsque le droit, originairement indisponible, le devient) est envisageable pour certains litiges alors que la clause compromissoire ne le serait pas.

Pour ces derniers donc, qui ne sont acquis qu'au moment de la rupture du lien (contrat ou mariage), l'arbitrage prendra nécessairement la voie du compromis.

II – Les matières

Elles ne sont pas arbitrables si elles touchent à des **questions d'ordre public d'une certaine intensité.**

La question est évolutive en droit privé interne.

• Il est des matières qui le sont indiscutablement : le droit fiscal, le droit pénal, le droit de la sécurité sociale.

• S'agissant de celles, moins empreintes de droit public, qui, traditionnellement, étaient tenues pour telles (droit des procédures collectives, droit de la concurrence et droit de la propriété industrielle), elles le demeurent si le litige met en cause l'intervention d'une autorité administrative ou la protection de tiers. Sinon, elles sont traitées plutôt désormais à l'aune du critère tenant aux droits en cause car même si une matière peut apparaître fondamentalement d'ordre public, si les droits en cause sont disponibles, ce caractère ne fait pas obstacle aujourd'hui *per se* à l'arbitrage.

III - Les personnes

Les solutions ne sont pas les mêmes suivant qu'elles sont de droit public ou de droit privé.

• Sur cet aspect, l'arbitrage interne se démarque notablement de l'arbitrage international où la capacité de l'**État et de ses démembrements** à compromettre est reconnue si sont en jeux les intérêts du commerce international. En droit interne, l'article 2060, qui pose le principe inverse de l'impossibilité de compromettre pour eux comme pour les **collectivités et entreprises publiques**, admet une dérogation pour les entreprises à caractère industriel et commercial à la condition d'une autorisation par décret.

• Les personnes de droit privé ne sont pas soumises aux mêmes restrictions. Aucune catégorie n'est par principe exclue de l'arbitrage si le droit est disponible, ce qui ne signifie pas qu'aucune condition n'est posée pour la validité de la clause.

§ 2 - Les conditions de validité de la convention d'arbitrage

Conclure une convention d'arbitrage constitue un acte de disposition : la capacité des parties s'apprécie au regard de cette qualification.

Cela précisé, il convient distinguer les conditions de fond et les conditions de forme.

I - Conditions de fond

• En premier lieu, l'article **2061**, tout en réservant les dispositions législatives particulières, pose le principe de la **validité de la clause compromissoire** si le contrat est conclu « ***à raison d'une activité professionnelle*** », ce qui est large (profession commerciale ou artisanale, libérale, agricole).

• Par ailleurs, de l'article R. 132-2 du Code de la consommation qui ***présume*** abusive une clause compromissoire imposée par un professionnel à un consommateur ou un non professionnel (qualification qui exclut l'hypothèse d'un contrat conclu pour une activité professionnelle), il résulte qu'une telle clause peut être valable si le professionnel démontre qu'elle ne crée pas un déséquilibre significatif, ou si c'est le consommateur lui-même qui revendique le bénéfice de la clause pour faire arbitrer sur le litige l'opposant au professionnel.

• Parmi les dispositions législatives particulières, on retrouve ainsi la prohibition de la clause compromissoire en droit du travail (C. trav., art. L. 511-1). Mais insérée dans un contrat de travail international, elle n'est pas affectée de la même nullité : elle est inopposable au salarié qui peut cependant, lui, s'en prévaloir.

II – Forme et contenu de la convention d'arbitrage

Ils sont précisés aux articles 1443 s. du Code de procédure civile.

A – Les conditions de forme

• Un **écrit** est **nécessaire** pour la validité de la convention (art. 1443 qui l'exige « à peine de nullité ») ; ce peut être un document unique (ou une clause d'une convention) ou un ensemble d'échange écrits. Ce peut être, conformément au droit commun, un écrit électronique (C. civ., art. 1316-1).

• Il est admis que la clause puisse figurer **dans un document annexe** dès lors que la convention principale s'y réfère expressément, ou encore dans un convention-cadre (elle régira tous les contrats conclus en application).

• Il ne faut pas oublier aussi les **usages professionnels** qui, lorsqu'ils sont applicables à la relation, peuvent assouplir les exigences légales.

• La convention suppose, lors de sa mise en œuvre (*i. e.*, au moment de la mise en place de l'arbitrage), l'établissement, entre les arbitres et les parties, d'un « **acte de mission** » matérialisant (si ce n'est fait avant) l'acceptation de leur mission par les arbitres et définissant, entre autres choses, l'objet du litige.

B – Le contenu

La convention d'arbitrage doit **désigner les arbitres** (ceux-ci doivent dénoncer tout élément de nature à faire douter de leur impartialité) ou prévoir les modalités de leur désignation (C. pr. civ., art. 1444), ce qui n'est pas toujours aisé (il faut pouvoir se projeter dans une situation future de type conflictuel) ; le choix d'un arbitrage institutionnel facilite grandement la rédaction car la seule désignation de l'institution d'arbitrage suffit dans cette hypothèse (le surplus étant réglé par le règlement interne).

L'article 1444 du Code de procédure civile précise de plus que le compromis, quant à lui, détermine l'objet du litige à peine de nullité de la convention.

Section 2 – Les effets de la convention d'arbitrage

On en dégagera trois principaux.

§ 1 – L'incompétence du juge étatique

I – Le principe

• Le choix de l'arbitrage s'impose **aux parties et au juge** qui doit se déclarer incompétent dès lors que l'une des parties soulève l'exception (C. pr. civ., art. 1448 précisant que le juge ne peut relever d'office son incompétence du fait d'une convention d'arbitrage).

• Cette **incompétence est de rigueur** et la seule constatation de l'existence d'une convention d'arbitrage suffit à fonder la compétence de l'arbitre, sauf « *si la convention d'arbitrage est manifestement nulle ou manifestement inapplicable* » (*ibid.*).

• Le juge n'a pas le pouvoir de se prononcer sur la validité de la convention d'arbitrage (sauf en cas de nullité manifeste).

• L'arbitre est seul compétent pour apprécier sa compétence (**principe de compétence-compétence**).

• Pour renforcer ces principes, la jurisprudence tout d'abord, le législateur ensuite (C. pr. civ., art. 1447) a consacré l'**autonomie de la convention d'arbitrage,** même lorsqu'elle n'est qu'une des clauses de la convention principale, pour la faire échapper à la nullité éventuelle de celui-ci et maintenir la compétence des arbitres pour décider des conséquences de cette nullité.

II – Les aménagements

• Le juge étatique peut conserver un **rôle d'assistance**. C'est le « juge d'appui » (président du TGI, sauf si les parties ont désigné le président du tribunal du commerce – C. pr. civ., art. 1459). Il peut intervenir pour aider à mettre en place et aider au bon déroulement de l'arbitrage lorsque les parties n'arrivent pas à se mettre d'accord : désignation des arbitres (C. pr. civ., art. 1452 et 1454), intervenir si l'arbitre rencontre une difficulté pour poursuivre sa mission (C. pr. civ., art. 1457), prorogation du délai d'arbitrage (C. pr. civ., art. 1463), récusation d'un arbitre (C. pr. civ., art. 1456).

• On reconnaît aussi au juge d'appui le pouvoir d'ordonner une **mesure provisoire ou conservatoire à condition que le tribunal arbitral ne soit pas encore constitué** (mais cette faculté peut être écartée dans la convention des parties qui peut prévoir un référé arbitral).

§ 2 – Les effets vis-à-vis des tiers

L'hypothèse de raisonnement concerne surtout la clause compromissoire, mais elle n'est pas totalement exclue dans le cadre d'un compromis.

• Le principe de l'**effet relatif** des contrats s'applique. La convention d'arbitrage n'oblige que les parties qui l'ont acceptée : elle ne peut servir de support pour imposer les arbitres choisis aux parties de contrats annexes ou liés si leur convention ne l'a pas intégrée ; de même on ne peut attraire devant une instance arbitrale une partie, fût-elle garante, qui n'est pas liée par la convention d'arbitrage.

• Mais il connaît des **nuances** au regard de certains tiers :

– ceux qui succèdent dans les droits et actions de l'une des parties peuvent se voir opposer la convention, que ce soit le **cessionnaire, le subrogé, le sous-acquéreur** et le **bénéficiaire d'une stipulation pour autrui ;**

– en revanche, dans les groupes de sociétés, et en vertu de la personnalité juridique de chacune d'elles, la jurisprudence oscille entre le principe du refus d'extension de la clause aux autres membres du groupe, spécialement à l'encontre de la société mère, et son opposabilité à cette dernière dès lors qu'elle s'est immiscée dans l'exécution du contrat la contenant et conclu entre un tiers et une filiale et qu'un différend surgit au sujet de ce contrat.

§ 3 – Le sort de la sentence

Deux questions seront évoquées.

I – La force obligatoire de la sentence

• La sentence a l'**autorité de la chose jugée** entre les parties dès son prononcé (C. pr. civ., art. 1484), ce qui interdit toute nouvelle action sur la question tranchée. Elle peut être assortie de l'exécution forcée (*ibid.*).

• Mais rendue par un juge qui n'est pas titulaire de la force publique, elle n'est susceptible d'exécution forcée qu'après ***exequatur*** par ordonnance du TGI qui doit seulement vérifier que la sentence n'est pas « manifestement » contraire à l'ordre public (C. pr. civ., art. 1487).

II – Les recours

• La **voie de l'appel n'est pas possible sauf si les parties l'ont prévue** (C. pr. civ., art. 1489). Cette voie de recours peut être exclue par le règlement interne adopté par l'institution d'arbitrage que les parties auront pu choisir (arbitrage institutionnel).

• L'appel tend à la réformation ou à l'annulation de la sentence (C. pr. civ., art. 1490).

• Le recours en annulation **est toujours possible à moins que les parties ne se soient réservé le droit de faire appel** (C. pr. civ., art. 1491). Il a pour objet de vérifier, selon l'article 1492, que :

« 1° *Le tribunal arbitral s'est déclaré à tort compétent ou incompétent ou*

2° *Le tribunal arbitral a été irrégulièrement constitué ou*

3° *Le tribunal arbitral a statué sans se conformer à la mission qui lui avait été confiée ou*

4° *Le principe de la contradiction n'a pas été respecté ou*

5° *La sentence est contraire à l'ordre public ou*

6° *La sentence n'est pas motivée ou n'indique pas la date à laquelle elle a été rendue ou le nom du ou des arbitres qui l'ont rendue ou ne comporte pas la ou les signatures requises ou n'a pas été rendue à la majorité des voix.* »

En cas d'annulation, le juge statue alors sur le fond du litige (sauf si les parties s'y opposent, auquel cas elles devront, pour résoudre leur litige, initier une nouvelle procédure d'arbitrage).

• **La tierce opposition** (devant le tribunal qui aurait été compétent en l'absence de convention d'arbitrage) et **le recours en révision** (dans les conditions de droit commun) sont également possibles, mais non la voie de l'opposition ni du pourvoi en cassation (C. pr. civ., art. 1501 à 1503).

Chapitre 3
La convention de procédure participative

Nouveauté instituée par la loi du 22 décembre 2010 (C. civ., art. 2062 s.) et mise en œuvre par un décret du 22 janvier 2012 (art. 1542 s. C. pr. civ.), **la convention de procédure participative est** « ***une convention*** *par laquelle les parties à un différend qui n'a pas encore donné lieu à la saisine d'un juge ou d'un arbitre s'engagent à œuvrer conjointement et de bonne foi à la* ***résolution amiable*** *de leur différend* » (art. 2062).

C'est un **nouveau mode alternatif de règlement, à l'amiable** (les deux autres étant la médiation – C. pr. civ., art. 1530 à 1535 – et la conciliation – art. 1536 à 1541 C. pr. civ.) des **litiges**.

Cette fois-ci, il s'agit d'une véritable convention de droit privé (dont l'inspiration a été puisée dans les droits anglo-saxons), qui peut, par elle-même, mettre fin au litige sans intervention du juge, même s'il est prévu la possibilité pour les parties de soumettre leur accord à l'homologation judiciaire (art. 2066). Tant qu'elle est en cours, aucun juge ne peut être saisi sauf en cas d'urgence et pour qu'il ordonne des mesures provisoires ou conservatoires (art. 2065).

Les parties doivent être nécessairement assistées par un avocat (en bénéficiant éventuellement de l'aide juridictionnelle).

Elle peut être conclue pour les droits litigieux dont les parties ont **la libre disposition** mais elle ne peut **jamais intervenir** pour la solution de litiges survenant à l'occasion d'un **contrat de travail.**

En revanche elle **peut être conclue par des époux** en vue de « rechercher une solution consensuelle en matière de **divorce** ou de séparation de corps » (art. 2067).

Elle est nécessairement conclue **par écrit** qui précise son terme, l'objet du différend et les pièces et informations nécessaires à la résolution du litige et les modalités de leur échange.

Elle prend fin soit par l'arrivée du terme, soit par sa résiliation anticipée par les parties, soit par la conclusion d'un accord (il peut n'être que partiel) mettant fin au litige ou au contraire constatant la persistance de celui-ci (C. pr. civ., art. 1555), auquel cas le juge pourra être saisi.

Pour aller plus loin

Exemples de sujets d'examen

Dissertations

- La disponibilité des droits litigieux
- Arbitrage et juge étatique

Sujets d'oraux

- La capacité de transiger
- Les causes de nullité de la transaction
- La clause compromissoire : conditions et effets

Bibliographie générale

- P.-H. Antonmattei, J. Raynard, *Droit civil – Contrats spéciaux*, Litec, coll. « Manuels », 8e éd., 2015
- L. Aynès, P.-Y. Gautier, Ph. Malaurie, *Droit civil – Les contrats spéciaux*, Defrénois, coll. « Droit civil », 7e éd., 2014
- A. Bénabent, *Les contrats spéciaux civils et commerciaux*, Montchrestien, coll. « Précis Domat », 10e éd., 2013
- F. Collart-Dutilleul, Ph. Delebecque, *Contrats civils et commerciaux*, Dalloz, coll. « Précis », 10e éd., 2015
- G. Decocq, C. Grimaldi, J. Huet, H. Lécuyer, *Traité de droit civil – Les principaux contrats spéciaux*, LGDJ, 3e éd., 2012
- B. Gross, Ph. Bihr, *Contrats – Ventes civiles et commerciales, baux d'habitation, baux commerciaux*, PUF, coll. « Thémis », 2e éd., 2002
- F. Leclerc, *Droit des contrats spéciaux*, LGDJ, coll. « Manuels », 2e éd., 2012
- D. Mainguy, *Contrats spéciaux*, Dalloz, coll. « Cours », 9e éd., 2015
- P. Puig, *Contrats spéciaux*, Dalloz, coll. « HyperCours », 6e éd., 2015

Index alphabétique

A

E

F

G - H - I

Q – R

Dans la même collection

Série droit privé

- *Droit des assurances*, H. Groutel
- *Droit bancaire*, F. Dekeuwer-Défossez, S. Moreil
- *Droit civil général*, P. Bihr
- *Droit civil. Les biens*, P. Courbe, M. Latina
- *Droit civil. Les contrats spéciaux*, B. Bourdelois
- *Droit civil. Les obligations*, G. Légier, L. Tranchant, V. Égéa
- *Droit civil. Les personnes, la famille, les incapacités*, P. Courbe, F. Jault-Seseke
- *Droit civil. Sûretés, publicité foncière*, V. Brémond, M.-N. Jobard-Bachellier
- *Droit commercial. Notions générales*, J.-P. Le Gall, C. Ruellan
- *Droit du commerce international*, H. Kenfack
- *Droit de la construction*, C. Saint-Alary-Houin, R. Saint-Alary
- *Droit des entreprises en difficulté*, P.-M. Le Corre
- *Droit fiscal des entreprises commerciales*, J.-P. Le Gall
- *Droit international privé*, J.-P. Laborde, S. Sana-Chaillé de Néré
- *Droit pénal des affaires*, G. Giudicelli-Delage
- *Droit pénal général*, J. Larguier, P. Conte, P. Maistre du Chambon
- *Droit pénal spécial*, J. Larguier, P. Conte, S. Fournier
- *Droit de la propriété industrielle*, L. Marino
- *Droit rural*, J. Audier
- *Droit de la sécurité sociale*, X. Prétot
- *Droit des sociétés*, A. Constantin
- *Droit du travail. Volume I. Rapports collectifs*, J.-M. Verdier, A. Cœuret, M.-A. Souriac
- *Droit du travail. Volume II. Rapports individuels*, J.-M. Verdier, A. Cœuret, M.-A. Souriac
- *Grands systèmes de droit étrangers*, M. Fromont
- *Institutions juridictionnelles*, J.-J. Taisne
- *Introduction générale au droit*, P. Courbe, J.-S. Bergé
- *Procédure civile. Droit judiciaire privé*, J. Larguier, P. Conte, C. Blanchard
- *Procédure pénale*, J. Larguier, P. Conte
- *Propriété littéraire et artistique*, P. Sirinelli

Série droit public – Science politique

- *Contentieux administratif*, G. Peiser
- *Droit administratif des biens*, G. Peiser
- *Droit administratif général*, G. Peiser
- *Droit des collectivités territoriales*, V. Donier
- *Droit constitutionnel et institutions politiques*, J. P. Jacqué
- *Droit des contrats publics*, F. Lichère
- *Droit de l'environnement*, P. Planchet
- *Droit européen*, J.-C. Gautron
- *Droit fiscal*, C. de Lauzainghein, M.-H. Stauble-de Lauzainghein
- *Droit de la fonction publique*, G. Peiser

- *Droit international public*, D. Ruzié, G. Teboul
- *Droit public*, L. Dubouis, G. Peiser
- *Droit public économique*, D. Linotte, A. Graboy-Grobesco
- *Droit de la santé publique*, D. Truchet
- *Droit de l'Union européenne*, L. Coutron
- *Droit de l'urbanisme*, J. Morand-Deviller
- *Finances locales*, R. Muzellec, M. Conan
- *Finances publiques*, J. Buisson
- *Histoire du droit*, J. Hilaire
- *Histoire des idées politiques de l'Antiquité à la fin du XVIIIe siècle*, D. G. Lavroff
- *Histoire des idées politiques depuis le XIXe siècle*, D. G. Lavroff
- *Histoire des institutions publiques de la France*, P. Villard, L.-A. Barrière
- *Institutions internationales*, J. Charpentier, B. Sierpinski
- *Introduction à la science politique*, J. Baudouin
- *Libertés fondamentales*, F. Mélin-Soucramanien
- *Relations internationales*, M. Gounelle, M.-P. Lanfranchi

Photocomposition :

NORD COMPO
multimédia

715220 (I) OSB - A 60g - NOR - (CDR)
Achevé d'imprimer en France par Jouve
1 rue du Docteur Sauvé, 53100 MAYENNE
N° 2233551X - Dépôt légal : septembre 2015